Alltag im Vatikan

Einblicke

Der Tag des Papstes beginnt mit der Messe um 7 Uhr morgens. Sie dauert eine Stunde, eine Feier ohne Predigt, mit langen Phasen der Stille, vor allem nach den Lesungen und nach der Kommunion. Während dieser Stunde wahrt der Papst eine innere Sammlung, die Mitfeiernde erstaunt. Diese morgendliche Messe wird nicht mehr unter Ausschluß der Öffentlichkeit gefeiert. Der Papst selbst hat das so gewollt. Don Stanislaw, sein gastfreundlicher polnischer Sekretär, hat die Morgenmesse zu einem offiziellen Akt des Papstes gemacht, eine Neuerung, die sich gut bewährt hat.

Wie es seit jeher päpstliche Privat- und Generalaudienzen gibt, so gibt es mittlerweile auch private und öffentliche Papstmessen. Das Kriterium der Unterscheidung ist das gleiche: An der Generalaudienz mittwochs ebenso wie an den Messen im Petersdom kann jeder teilnehmen, der möchte. Für die Zulassung zu einer Privataudienz oder zur Messe in der päpstlichen Hauskapelle bedarf es einer Einladung des Papstes. Die Messe in der Hauskapelle ist heute nicht weniger bedeutsam als eine Privataudienz; sie ist eine Amtshandlung des Papstes.

Ich nahm einmal an einer solchen Messe teil. Man hatte den Eindruck, der Papst sieht und hört nicht, was um ihn herum vorgeht, aber es war zu spüren, daß er höchst aufmerksam ist. Ich war da mit meiner Frau und unserer damals zweijährigen Mathilde, die eine Weile geschlafen hatte und dann beim Aufwachen laut nach ihrer Mama rief. Nach der Messe begrüßte uns der Papst und lobte die Kleine: „Sie war die ganze Zeit brav, nur einen Augenblick war sie zu hören!“ Er hatte das also wahrgenommen, ohne sich dadurch in seiner Sammlung beeinträchtigen zu lassen. Divo Barsotti konzelebrierte mehrmals mit dem Papst und beschreibt seinen „Geist des Betens“ so: „Wie er sich im Wortgottesdienst an die Gläubigen wendet, so entzieht er sich während der Feier der Eucharistie den Gläubigen

Polnische Bischöfe als Gäste bei der Messe in der Privatkapelle.

und tritt in das Geheimnis der göttlichen Gegenwart. Man hat den Eindruck, daß die Welt seinen Geist nicht von Gott abzulenken vermag."

Die Zeiten, in denen der Papst die Messe allein feierte und allein aß, gehören nun der Vergangenheit an. Früher gab es eine klare Trennung zwischen den Privatgemächern und dem öffentlichen Bereich des Apostolischen Palastes. Vom Privatleben des Papstes durfte nichts nach außen dringen. Einige Neuerungen gab es da bereits unter Johannes XXIII. und Paul VI. Aber Johannes Paul II. hat diese Trennung völlig aufgehoben: Er möchte Gäste in seiner Hauskapelle und im Speisesaal; er läßt Journalisten und Fotografen zu. Er hat seinem Wirken in der Öffentlichkeit eine ganz persönliche Note verliehen und sein Privatleben zu einem Werkzeug des Regierens gemacht. Mit ihm ist nach vier Jahrhunderten tridentinischer, asketischer und diplomatischer Päpste die Gestalt eines Papstes zurückgekehrt, der zugänglich ist.

An der Frühmesse nehmen ständig die sechs polnischen Schwestern und die beiden Sekretäre des Papstes teil. Eingeladene Gäste sind: Freunde, die ihn besuchen, Bischöfe auf Ad limina-Besuch, Obere von Ordensfamilien, die in Rom ihre Generalkapitel abhalten, Gruppen von Vereinigungen sowie Einzelpersonen mit ihren Familien. Die Kapelle hat etwa 40 Sitzplätze: Die Fotos zeigen hinter dem Stuhl des Papstes die Bänke, die in Viererreihen an den Seiten aufgestellt sind. Die Einladungen zur Frühmesse erteilt Don Stanisław Dziwisz persönlich. Er ruft direkt denjenigen an, den er einladen will. Wenn er bei der Person oder in dem Haus nicht bekannt ist, sagt er: „Ich bin der Sekretär des Papstes. Der Heilige Vater lädt Sie ein, morgen früh an der Messe in seiner Privatkapelle teilzunehmen. Kommen Sie um 6.30 Uhr zum großen Bronzetor.“

Aus Ängstlichkeit kommen die Familien eher zu früh. Sie stehen dann vor dem noch verschlossenen Bronzetor. Ein Schweizer Gardist öffnet es zur festgesetzten Zeit. Ein anderer überprüft die Namen der

Eingeladenen anhand der von Don Stanisław übergebenen Liste. Dann begleitet er sie über die prunkvolle Treppe in den Damasus-Hof zum Lift, der in die dritte Etage führt.

Die Gäste finden den Papst in der Betrachtung. Er sitzt auf einem goldbronzenen Stuhl, vor dem in der Mitte der Kapelle ein Betsstuhl steht. Dieser Stuhl des Papstes ist eine Arbeit des Bildhauers Mario Rudelli, der sich an mittelalterlichen Bischofsstühlen inspirierte, doch er hat diesen privaten Stuhl des Bischofs von Rom so konzipiert, daß er zum Altar und nicht zum Volk hingewandt ist. Die Hauskapelle, die Paul VI. in der zweiten Hälfte der sechziger Jahre von den gleichen Künstlern neu gestalten ließ, denen er auch die Erneuerung der Audienzräume im zweiten Stock des Apostolischen Palastes anvertraute, ist „ein Raum, der sich wunderbar zum Beten eignet, jedoch klein, in eine kompakte architektonische Masse eingezwängt" (Jean Chélini).

Das Ensemble der Kapelle entwarf der Architekt Dandolo Bellini. Das ganze Ambiente mit allen Elementen weist auf die Gestalt Christi: Diese Konzentrierung auf Jesus hatte sich Paul VI. gewünscht, gemäß den Richtlinien, die er unmittelbar nach dem Konzil für die Liturgiereform und den Bau neuer Kirchen erließ. Das den Raum beherrschende Kruzifix ist ein Werk Enrico Manfrinis. Er schuf auch die Bronzetür der Kapelle mit den „leiblichen und geistigen Werken der Barmherzigkeit". Sie sind so dargestellt, daß sie von Christus ausgehen, wie er beispielsweise den Hungernden Brot gibt, oder sie deuten auf ihn hin, wie bei der „Kreuzabnahme". Der auferstandene Christus im Deckenfenster stammt von Luigi Filocamo. Auf der Rückenlehne des Papststuhls sind in lateinischer Sprache die Worte des Vaterunsers eingraviert. An der rechten Wand sieht man auf 16 Tafeln und einer Bronzeplatte den Kreuzweg und das Letzte Abendmahl – ein Werk von Lello Scorzelli.

Die Teilnehmer an der Messe sind meist zu sehr von der Persönlichkeit des Papstes in den Bann gezogen, um die Kapelle gebührend zu betrachten. Wenn mehr als 40 Personen da sind, müssen die zuletzt Gekommenen vom Korridor aus mitfeiern. Sind über 50 Gäste zur Messe geladen, wird die Messe in einer der Kapellen des Apostolischen Palastes gefeiert, meist in der Kapelle „Redemptoris Mater" oder in der Cappella Paolina.

Nach Beendigung der Meßfeier lädt der Sekretär die Anwesenden ein, sich in die Bibliothek zu begeben. Dorthin begleitet er den Papst, dem er die einzelnen und die Gruppen vorstellt. „Das ist jener Journalist, der mit im Flugzeug war", sagt Don Stanisław. Darauf der Papst: „Ich erinnere mich. Sie haben ein Buch über mich geschrieben und viele

Mythen von mir genommen. Für dieses Bemühen um Verständnis bin ich Ihnen dankbar."

Dann führt Don Stanisław den Papst zu einer anderen Gruppe, faßt ein Mädchen am Arm und flüstert ihm zu: „Diese junge Mutter braucht Ihren besonderen Segen." Johannes Paul II. zeichnet ihr ein Kreuz auf die Stirn und umarmt sie wie ein Vater seine Tochter.

Wenn Kinder dabei sind, hält Don Stanisław ein kleines Tablett mit Schokolade oder kleinen Panettoni bereit. Der stets anwesende Fotograf Arturo Mari nimmt die Begegnung auf; seine Fotos sind dann im Laufe des Tages im Foto-Büro des „Osservatore Romano" preisgünstig zu erwerben.

Ist unter den Anwesenden ein Freund aus Polen oder ein oder zwei Personen, die der Papst näher kennenlernen möchte, erfolgt eine weitere Einladung: zur Teilnahme am ersten Frühstück, das von 8.30 bis 9 Uhr dauert. Noch häufiger sind Gäste beim Mittagessen, manchmal sogar beim Abendessen. Das erste Frühstück ist immer wieder auch ein Moment für wichtige Begegnungen, die besondere Diskretion erfordern.

Bei Tisch ist Johannes Paul der spontanste Mensch, den man sich vorstellen kann: Er ißt mit angeregtem Appetit und schenkt sich selbst den Wein ein – als seine Hände noch nicht zitterten, schenkte er auch seinen Gästen ein. Manchmal widmet er den Anwesenden einen Trinkspruch. Wein, Milch, Honig, Obst und Gemüse kommen von den Landgütern in Castel Gandolfo und aus dem Anbau in den Vatikanischen Gärten. Die Schwestern sind Polinnen, und deshalb gibt es nicht selten polnische Landesspeisen.

Bei Tisch bedient der Kammerdiener Angelo Gugel, ein freundlicher untadeliger Venezianer. Die Fernsehzuschauer kennen ihn, weil er auf den Reisen des Papstes ihm immer zur Seite ist, wenn es darum geht, ihm den Mantel zu reichen oder den Regenschirm zu halten. Er trägt den Titel „Kammeradjutant" und ist der einzige noch Lebende unter den zahlreichen Bediensteten der ehemaligen „Laienfamilie" der „Heiligkeit unseres Herrn", wie der Papst bis zu Johannes XXIII. tituliert wurde – eine Bezeichnung, die unseren Ohren schon recht fremd klingt. Zu Beginn des Pontifikats von Paul VI., der diesen Baum drastisch stutzte, waren im „Päpstlichen Jahrbuch" weiter aufgelistet: der Mundschenk (der „dem Obersten Pontifex den Wein reicht"), der Garderobier, der Sakristan, der Oberste Palastwächter, der Kavaliere Seiner Heiligkeit (der für die Palaststallungen zuständig war, die unter Pius X. aufgelöst wurden), der „Träger der Goldenen Rose" (den der Papst gelegentlich zu einer katholischen Königin entsandte), Geheimkämmerer mit Schwert und Kappe, Ehrenkämmerer in violetter Kleidung und der Truchseß (der über die Tafel des Papstes wachte).

Trotz dieser so weitläufigen „Familie" speisten die Päpste früher allein: Es ist schwer zu verstehen, warum das so war, aber es war so. Ein Zeichen besonderer Auszeichnung, sakrale Ehrenerweisung oder etwas anderes, von dem wir nicht wissen, zwangen die Päpste der Gegenreformation zu dieser unnatürlichen Isolierung während der Mahlzeiten, die doch eigentlich Ausdruck der Gemeinschaft, des Miteinanders sein sollten. Um die vom jetzigen

Papst herbeigeführte Revolution einschätzen zu können, der überall bei Tisch Platz nimmt – zwischen den unrasierten Männern von Mutter Teresa, an den Tischen der Fischer von Fano, in Werkshallen von Fabriken, die er immer am 19. März besucht –, sollten wir ein wenig innehalten und das Vorbild betrachten, das ihn von seinen Vorgängern überkam. Dieses Vorbild eines monastischen Mahls, ja eines Eremitenmahls bekam seine strengste Form unter Pius XII. und war in der Folgezeit von Johannes XXIII. und Paul IV. angetastet, aber nicht abgeschafft worden.

Selbst bei einer öffentlichen Mahlzeit, etwa anläßlich der Krönungsfeierlichkeiten oder des Besuchs von Herrschern, war die Tafel der Päpste in den Jahrhunderten der Gegenreformation separat und höher als die der anderen. Bei solchen erweiterten Mahlzeiten durften keine Frauen zugegen sein, nicht einmal beim „eucharistischen Mahl". Ebenso wie bei der Messe war Schweigen geboten, Abschnitte aus dem Neuen Testament wurden vorgelesen, alle Anwesenden mußten niederknien, wenn dem Papst vom Mundschenk der Kelch gereicht wurde, mit der gleichen rituellen Geste, mit der ihn der Zeremoniar am Altar übergab. Bischöfe und Kardinäle nahmen ihre Kalotte ab und verbeugten sich. „Mit dem Papst zu speisen ist eine ideelle Ehre und eine körperliche Anstrengung", so äußerte sich ein venezianischer Botschafter, der eines Tages an der Tafel von Sixtus V. sitzen durfte.

Diese Etikette ist zählebig: Pius VII. – der zweite der Päpste, die von Napoleon festgenommen wurden – speiste noch an einer quadratischen Tafel unter einem Baldachin. Sein „Geheimvikar" (persönlicher Sekretär) Gregorio Speroni berichtet fassungslos in seinem „Tagebuch" von der Freiheit, die sich dieser gesellige Papst nahm, indem er Leute einlud, bei seinen Mahlzeiten dabei zu sein – nicht teilzunehmen! –, von denen einige nicht wußten, wie sie sich zu benehmen hatten.

Wahrscheinlich zur Vermeidung von Komplikationen oder vielleicht als Reflex auf die Nöte der Zeit wurden unter den Päpsten des 19. Jahrhunderts und in der ersten Hälfte des 20. Jahrhunderts die öffentlichen oder dem Publikum zugänglichen Mahlzeiten immer mehr eingeschränkt. Schon bald setzte sich die Regel durch, daß der Papst allein aß. So mancher Papst hat unter dieser Regelung gelitten; sie wurde gewissermaßen mit größerer Mühe überwunden, als sich diese heiligen Männer in den Auseinandersetzungen mit der Aufklärung, der Revolution, Napoleon und dem Risorgimento abzumühen hatten. Die „Römische Frage", das Problem der irdischen Souveränität des Papstes nach der Ein-

verleibung Roms seitens des italienischen Reiches im Jahre 1870, war für eine Weile beigelegt (mit den 1929 unterzeichneten Lateranverträgen zwischen Italien und dem Heiligen Stuhl), aber das Kreuz, allein essen zu müssen, wurde bis zum Ende des Ponifikats von Pius XII. (1939-1958) beibehalten.

Als erster widersetzte sich diesem Ritual der Isolierung Pius X.: Er war ein gottesfürchtiger Mann und respektierte die von seinen Vorgängern übernommenen Regeln, war jedoch im geselligen Pfarrleben und Brauchtum des venezianischen Katholizismus groß geworden und empfand diese Regeln als einengend. Er wollte bei Tisch die beiden „Geheimen Kammersekretäre" (seine Sekretäre), die er sich von Venedig mitgebracht hatte. Aber nur einmal wurden an der Tafel des Papstes seine beiden Schwestern und eine Nichte zugelassen: Das war eine Überraschung, die ihm von seinen Sekretären an einem der letzten Weihnachtsfeste seines Lebens bereitet wurde. Der Papst freute sich darüber, aber „verbot, daß so etwas noch einmal geschehe" (Silvio Negro).

Unter Benedikt XV. und Pius XI., die im Vergleich zu Pius X. in allem moderner waren, kehrte man zur alten Regelung zurück. Bekanntlich sind die Wege der Geschichte nicht geradlinig, und die Ausbildung in der Kurie genügte jenen Männern, dieses Kreuz des Alleinseins zu ertragen. Manchmal leistete die Gräfin Persico, eine Schwester Benedikts XV., ihrem Bruder bei Tisch Gesellschaft. Pius XI. aber ließ niemanden in die Privatgemächer: Dort durften nur die Ordensbrüder eintreten, die für die Garderobe und die Mahlzeiten zu sorgen hatten, ferner die Kammersekretäre und der Kammerdiener, der Friseur und der Leibarzt. Pius XI. empfing selbst seine engsten Verwandten in den Audienzräumen im zweiten Stock. Während seiner Mahlzeiten las einer der beiden Sekretäre aus Zeitungen vor und blieb dabei stehen, solange ihm der Papst nicht ein Zeichen gab, sich zu setzen. Die Regel des Schweigens und der Lesungen bei Mahlzeiten ist in manchen Klöstern noch heute üblich.

Pius XII. wollte in seinen Privatgemächern nicht einmal die beiden Sekretäre, die alle Päpste des 19. Jahrhunderts hatten, und lebte dort ausschließlich in Gesellschaft von drei Ordensschwestern aus Bayern. Offenbar wollte er bei Tisch immer strikt für sich allein sein, in Gesellschaft eines Kanarienvogels in einem Käfig, gleichsam ein Sinnbild seiner Gefangenschaft.

Pius XII. verließ den Vatikan etwa 20 Mal; ihm folgte Johannes XXIII., der in einem einzigen Jahr 40 Mal nach draußen ging und immer andere Personen bei Tisch hatte. Dann kam Paul VI., der in die ganze Welt reiste und mit Einladungen zu gemeinsamen Mahlzeiten Regierungsarbeit übte. Wie

Johannes Paul II. das handhabt, wissen wir bereits. Als Pius XII. starb, war Karol Wojtyła 38 Jahre alt und gerade zum Weihbischof ernannt worden. Seine Bischofsernennung war eine der letzten, die Pius XII. vornahm: Er wurde gewissermaßen zum „Zeugen" des Übergangs zwischen den beiden unterschiedlichsten Päpsten unseres Jahrhunderts! Seine Wahl zum Papst erfolgte nur 20 Jahre später, aber das waren die Jahre der Päpste Johannes´ XXIII. und Pauls VI., die größten Neuerer, die es im römischen Pontifikat je gegeben hat, zumindest in den letzten vier Jahrhunderten. Mit der Wahl ihrer beiden Namen deutete Johannes Paul an, daß er ihren Weg fortsetzen wollte.

In der Audienzhalle Pauls VI. anläßlich des XI. Weltjugendtreffens.

Der junge Priester Karol Wojtyła befand sich auf einem Bootsausflug mit einer Studentengruppe, als er von seiner Berufung zum Bischofsamt erfuhr. Er sagte, daß er sie annehme, aber gab zu verstehen, daß er zunächst seinen Urlaub zu Ende führen wolle. Für ihn waren solche Ferientage ebenso wichtig wie all seine anderen Aktivitäten: Ihm lag viel an der Liebe zur Natur und an der für einen Seelsorger entscheidenden Freundschaft mit jungen Menschen. Als er Papst wurde, brachte er diese Einstellung mit.

In Castel Gandolfo wurde ein Schwimmbecken angelegt. Als man ihn auf die Kosten ansprach, soll er geantwortet haben, ein Konklave koste weit mehr. Solange er konnte, ging er auf die Berge im Latium und in den Abruzzen zum Skilaufen. Seit er nach seinem Sturz in der Sala Clementina 1993, bei dem er sich das rechte Schultergelenk auskugelte, nicht mehr Skilaufen kann, geht er weiter im Sommer in die Berge zum Wandern und im Winter, um etwas vom Schnee zu spüren. Er verbringt seine Ferien in den Alpen und möchte immer andere Personen um sich haben.

Nach dem ersten Frühstück hält sich der Papst zwischen 9 und 11 Uhr in seinem Arbeitszimmer in den Privatgemächern auf, wo er liest und schreibt, aber keine Mitarbeiter empfängt. Don Stanisław legt ihm das Programm für den Tag vor und läßt ihn dann allein, damit er sich einem Schriftstück, einem Redetext oder einer Frage widmen kann, was gerade am dringendsten ist. Der Verlauf des Vormittags sieht nur an zwei Tagen in der Woche etwas anders aus: dienstags und sonntags. Sonntags wegen der Gottesdienste im Petersdom oder auf dem Petersplatz und wegen seiner Besuche in den Pfarrgemeinden Roms. Den Dienstag hält sich der Papst frei von allen Aufgaben, um sich der Vorbereitung der Generalaudienz am Mittwoch widmen zu können. An den anderen Tagen beginnen um 11 Uhr die Audienzen: mittwochs die Generalaudienz in der Audienzhalle Pauls VI. oder auf dem Petersplatz, ansonsten die Privataudienzen in den Audienzräumen im zweiten Stock des Apostolischen Palastes.

Diese Privataudienzen bilden die traditionellste Aktivität des Papstes: das gängige Werkzeug für die Leitung der Kurie, der bevorzugte Weg für den Kontakt mit Bischöfen, Regierungen und der Gesellschaft. Als die Päpste nicht reisten, hielten sie auch keine Generalaudienzen und traten nicht zum Angelusgebet ans Fenster, sie besuchten nicht die römischen Pfarrgemeinden und hielten keine Reden, außer den „Ansprachen“ im Konsistorium; aber auch damals, als alles anders war, gaben die Päpste Audienzen, genau wie heute. Einige regierten die Kirche, indem sie ausschließlich Audienzen abhielten.

Die Audienzen sind unterschiedlicher Art. Die Bezeichnung „privat“ sagt wenig, weil sie sie einfach unterscheidet von Staatsempfängen (nur für Staatsoberhäupter) oder Ad limina-Besuchen (die Bischöfen vorbehalten sind und „ad limina Apostolorum“ genannt werden: Besuche der Basiliken der Apostel Petrus und Paulus beziehungsweise beim Bischof von Rom). Die Privataudienzen finden in der Privatbibliothek statt, die hinter den Audienzräumen liegt. Wenn es sich jedoch um Gruppen, im besonderen wenn solche Gruppen zahlenmäßig groß sind, wird auch der eine oder andere Saal der Audienzräumlichkeiten genutzt.

Es kommt manchmal vor, daß es viele Gruppen sind, alle etwa gleichrangig und in ähnlicher Gruppenstärke. Dann bewähren sich die Audienzräume: Alle Säle werden benutzt, indem man in jeden Saal eine Gruppe führt, und der Papst durchschreitet sie alle der Reihe nach. Dabei begegnet er allen in der Reihenfolge der Räumlichkeiten, die normalerweise von Besuchern auf dem Weg zur Bibliothek durchschritten werden. Ein Festakt dieser Art, der die Audienzräume einen ganzen Morgen lang belebte, fand am 7. Januar 1998 statt. Der Papst empfing die neun Bischöfe, die er am Fest Epiphanie geweiht hatte, – sie waren von ihren Familienangehörigen begleitet –, in Audienz.

Die von Johannes Paul eingeführten Neuerungen in dieser sehr traditionellen päpstlichen Aktivität der Audienzen sind gering und alle nebensächlicher Art. Vor allem empfängt er viel mehr Menschen. Pro Jahr sind es an die 500 Privataudienzen. Er hat zweimal die Audienzen der Botschafter, die ihre Beglaubigungsschreiben überreichen, vereinfacht: Nach dem Attentat wurde die Prozedur beschleunigt, wobei die Gespräche beibehalten, aber auf das Verlesen von Ansprachen verzichtet wurde. Sie wurden anschließend schriftlich ausgetauscht.

Nach der Operation am Oberschenkel 1994 führte er die gemeinschaftlichen Audienzen ein, in denen er die versammelten Botschafter einer Ländergruppe empfängt. Mit den Bischöfen, die zum Ad limina-Besuch in Rom weilen, führte er hingegen den Brauch der Privatgespräche wieder ein, die Paul VI. nur in Ausnahmefällen führte, wobei er sich darauf beschränkte, alle Bischöfe eines Landes oder einer Region gemeinsam zu empfangen.

Links: Der Papst mit dem Präsidenten der Republik Italien, Oscar Luigi Scalfaro, und dem Rabbiner Elio Toaff.

Rechts: Besuch des orthodoxen Patriarchen Bartholomäus I. beim Papst am 27. Juni 1995.

Folgende Seiten: Weihe von Bischöfen in der Basilika Sankt Peter.

Leben im Apostolischen Palast

Eine Neuerung bei den Privataudienzen Johannes Pauls II. ist der ständige Wechsel zwischen Begegnungen im zweiten und dritten Stock des Apostolischen Palastes. Bis zu Paul VI. gab es eine Trennung – wir sprachen bereits darüber – zwischen den beiden Bereichen. Nur der Papst und sein Sekretär wechselten vom einen in den anderen. Heute hingegen geht der Papst von den Privatgemächern in die öffentlichen Audienzräume und kehrt von dort in seinen Privatbereich zurück. Häufig wird er dabei von Gästen begleitet, wodurch die Begegnung ausgedehnt wird. Auf diese Weise gibt er der Gastfreundschaft auch in seinen Privatgemächern eine besondere Note. Seine Vorgänger hatten Besuche im Privatbereich auf ein Minimum beschränkt.

So passiert es, daß die ukrainischen Bischöfe, mit denen er die Frühmesse in der Privatkapelle im dritten Stock konzelebriert hat, ihn mittags in der Bibliothek im zweiten Stock zur Audienz treffen, worüber auch der „Osservatore Romano" berichtet. Und es kann sogar sein, daß er sie gleich darauf zum Essen mitnimmt. Ähnliches geschieht hinsichtlich der Besuche in den Pfarrgemeinden Roms und ist bis zum Beginn des Jahres 1998 266mal so geschehen: Am vorausgehenden Donnerstag gehen der Kardinalvikar, der zuständige Weihbischof und der Pfarrer der Gemeinde, die am Sonntag besucht werden soll, zur Audienz am späten Vormittag. Der Papst speist mit ihnen zu Mittag. Das ist mittlerweile so üblich geworden, daß sie sich manchmal gleich danach bei Tisch wiedersehen, wo sich der Papst über die Menschen und das Umfeld informiert, denen er drei Tage später begegnen wird.

Das Wechseln zwischen den beiden Bereichen, für den Beobachter von außen ganz selbstverständlich, gab in der ersten Zeit seines Pontifikats Anlaß zur Verwunderung, ja löste Mißstimmungen aus, hat sich jedoch im Laufe der Jahre so durchgesetzt. Don Stanisław, dem „Chef" der Audienzen im dritten Stock, ist es gelungen, sich in der Kurie Respekt zu verschaffen, wie das den Sekretären von Paul VI. (Don Pasquale Macchi, später Erzbischof) und von Johannes XXIII. (Don Loris Capovilla, auch er wurde später Erzbischof) nie gelungen ist. So wurde schließlich das Wechseln zwischen den beiden Bereichen zu einer offiziellen Angelegenheit. Die Bestätigung seitens der Kurie erfolgte durch die Ernennung Don Stanisławs zum Erzbischof und „Adjunkt-Präfekten der Präfektur des Päpstlichen Hauses" am 7. Februar 1998. Der Präfekt des Päpstlichen Hauses, der US-Bischof James Michael Harvey, wacht über die Audienzen im zweiten Stock, und der Adjunkt-Präfekt Stanisław Dziwisz leitet jene im dritten Stock. Bei der Ankündigung der Ernennung von Don Stanisław zum Erzbischof und „Adjunkt-Präfekten" sagte der Pressesprecher Navarro, daß sie formell „eine Funktion bestätige, die bereits seit langem ausgeübt werde".

Der Apostolische Palast im Schatten der Kuppel.

Hat sich der Papst von seinen Gästen bei Tisch verabschiedet, ruht er eine halbe Stunde bis eine Stunde aus; danach steigt er auf den Dachgarten, der über den Privatgemächern liegt und eine Sicht über die Dächer Roms bietet, um dort etwas frische Luft zu schöpfen. Dieser Dachgarten, der unter Paul VI. angelegt wurde, besteht aus Bäumen, die in großen Gefäßen kultiviert werden, und ist verschönert mit einem Fischbrunnen. Jeden Morgen steigt ein Gärtner hoch, um die Pflanzen zu gießen. Ab und zu bitten die Schwestern einen der Liftführer um die Reinigung des Fischbrunnens. Der Wanderer und Skifahrer Wojtyła liebt Spaziergänge, und sei es nur das kurze Auf- und Abgehen auf seiner Dachterasse. Als er noch bei Kräften war, tat er das oft, aber ein wenig Bewegung genehmigt er sich noch jeden Tag.

Nach dem Spaziergang, der unterschiedlich lange dauert, kehrt der Papst in sein Arbeitszimmer zurück, wo er bis gegen 18.30 Uhr bei seiner Arbeit bleibt. Um diese Zeit kommen jeden Tag die Mitarbeiter des Staatssekretariats und andere Verantwortungsträger der Kurie, wie etwa der bayerische Kardinal Joseph Ratzinger, der Präfekt der Glaubenskongregation.

Selbst wenn in der Zukunft von den Neuerungen Johannes Pauls II. nicht viel bleiben sollte, seine Persönlichkeit hat bereits etwas unumkehrbar Neues markiert: Er hat das Papstbild verändert, indem er es den Menschen von heute näher brachte, indem er vom Vatikan aus in die Krisenherde der Welt ging. Der temperamentvolle polnische Papst hatte nacheinander die sehr umsichtigen italienischen Kardinäle Casaroli und Sodano als Staatssekretäre an seiner Seite. Agostino Casaroli hatte dieses Amt elf Jahre inne, von 1979 bis 1990, seither erfüllt Angelo Sodano diese Aufgabe. Am Nachmittag einmal in der Woche geht der Kardinalstaatssekretär zum Papst mit einem Dossier der laufenden Angelegenheiten. Casaroli war sechs Jahre älter als der Papst, Sodano hingegen ist sieben Jahre jünger, doch ihre Beziehung ist gleichermaßen freundlich und respektvoll.

Der Staatssekretär oder die Erzbischöfe Giovanni Battista Re und Jean-Louis Tauran, seine unmittelbaren Mitarbeiter, bringen dem Papst jeden Tag gewissenhaft geordnete, dickleibige Dossiers. Johannes Paul II. betrachtet solche Berge von Papier angeblich etwas mißtrauisch. Man sagt, Johannes Paul I. habe sich vor den Papieren der Kurie gefürchtet. Eine solche Furcht hat Johannes Paul II. nicht, aber er meidet es, den Papierstapeln zu viel Zeit zu widmen. Er hört seinen Mitarbeitern lange zu und stellt ihnen Fragen zu Einzelheiten. Beim Zuhören macht er sich keine Notizen. Sollte er eine Gedächtnisstütze brauchen, so ist diese vom Kardinal oder Erzbischof bereits vorbereitet.

Gegen 20 Uhr ist das Abendessen des Papstes. Oft nehmen Gäste daran teil, jedoch nicht so häufig wie beim Mittagessen. Beim Frühstück und Mittagessen sind es meist Gäste von außen; beim Abendessen sind es vorzugsweise Mitarbeiter der Kurie. Der Pressesprecher Navarro gehört zu denen, die hin und wieder am Abendessen teilnehmen. Wahrscheinlich ist er der einzige Laie, der diese Aufgabe seit längerem verrichtet. Aber noch ist unter den Beratern des Papstes keine Frau.

Wenn keine Gäste da sind, schaut der Papst sich die Nachrichten im 1. Programm des italienischen Fernsehens an. Manchmal sieht er auch für eine kurze Weile ein Fußballspiel oder einen Film, der ihm empfohlen wurde. „Heiligkeit, werden Sie sich morgen das Spiel Polen gegen Italien anschauen", fragte ich ihn auf dem Flug von Buenos Aires nach Rom. Er erwiderte: „Ich weiß nicht, ob ich die Gelegenheit habe, aber wichtig ist doch zu wissen, wie es ausgeht."

Nach dem Abendessen begibt sich der Papst erneut in sein Arbeitszimmer. Kurz vor 23 Uhr macht er

einen letzten Besuch in seiner Kapelle zum Beten der Komplet, mit der das Brevier den Tag beschließt. Das Brevierbeten und die Messe versäumt er nie. Aber zwischen der morgendlichen Messe und dem Nachtgebet geht der Papst des öfteren in seine Kapelle; er unterbricht seine Arbeit, um sozusagen die laufenden Geschäfte mit Gott zu besprechen; ebenso wenn er von einer tragischen Nachricht erfährt oder wenn man ihm mitteilt, daß sich jemand seinem Gebet anvertraut. Dann bekommt der Betstuhl – ebenfalls ein Werk des Bildhauers Rudelli – eine wichtige Funktion. Als der

Oben: Audienz mit den Bischöfen Polens in den Privatgemächern des Papstes.

Rechts: Rosenkranzgebet vor dem Mikrofon von Radio Vatikan.

Links: Grotte der Madonna von Lourdes in den Vatikanischen Gärten.

Rechts: Lichterprozession zum Hochfest der Gottesmutter.

Papst am 27. Oktober 1995 in der Audienzhalle Pauls VI. sprach, erklärte er: „Ich mache mir eine Notiz von den Intentionen, die von Menschen aus aller Welt an mich herangetragen werden, und bewahre sie in meiner Kapelle auf dem Betstuhl auf, damit sie in jedem Moment meinem Bewußtsein gegenwärtig sind, wenngleich sie nicht jeden Tag buchstäblich wiederholt werden können."

Etwa gegen 23 Uhr geht der Papst schlafen: Er arbeitet nicht bis in die frühen Morgenstunden, wie das bei Pius XII. und Paul VI. vorkam. Johannes Paul ißt gut und schläft regelmäßig.

Außer den Reisen und den Besuchen in den Pfarreien Roms gibt es nur wenige Aufgaben, die den Tagesablauf des Papstes ändern. Es kann vorkommen, daß er seine Privatgemächer verläßt, um einen kranken Kardinal oder den befreundeten polnischen Kardinal Andrzej Deskur zu besuchen, der im Rollstuhl sitzt: Um ihm einen Besuch in der Gemelli-Klinik abzustatten, verließ Johannes Paul II. zum ersten Mal den Vatikan am Tage nach seiner Wahl, am 17. Oktober 1978, und bekundete damit sofort, daß er nicht gewillt war, sich als Papst nur im Vatikan aufzuhalten.

Die bekannteste Aufgabe in jedem Monat ist das Beten des Rosenkranzes im Sender Radio Vatikan, am Abend jedes ersten Samstags im Monat. Manchmal tut er das von seinen Privatgemächern aus oder im Damasus-Hof (und im Sommer im Hof der Residenz von Castel Gandolfo), bei besonderen Anlässen (beispielsweise zum Gebet für den Frieden während des Golfkrieges oder der kriegerischen Auseinandersetzungen im ehemaligen Jugoslawien) von der Aula der Segnungen oder aus der Grotte der Madonna von Lourdes in den Vatikanischen Gärten.

In der Grotte von Lourdes wird übrigens jedes Jahr am Abend des 31. Mai zum Abschluß des „Marienmonats" der Rosenkranz gebetet, mit Fackelzug. Die Lichterprozession beginnt in der Kirche Santo Stefano degli Abissini hinter der Apsis von Sankt Peter und steigt hinab durch die Gärten bis zur Grotte auf der Höhe des Hügels, am Beginn des zweiten Abschnitts der Leoninischen Mauern, zur linken Seite.

Die wöchentlichen Termine, die ihn in Kontakt mit der Welt bringen, sind die Generalaudienz mittwochs und das Angelusgebet sonntags am Fenster seines privaten Arbeitszimmers, das zwei-

te von rechts im obersten Stockwerk des Apostolischen Palastes. Nach den Feiern im Petersdom oder auf dem Petersplatz sind diese sonntäglichen Auftritte an seinem Fenster die am meisten von den Medien beachteten Aktivitäten des Papstes. Johannes Paul mag diesen Dialog mit der Menge von der Höhe des Palastes aus, der gleichsam zufällig unter Papst Johannes begann und den Paul VI. offenbar mehr aus Pflichtbewußtsein als aus Überzeugung weiterführte.

Das Fenster, an dem sich der Papst zeigt, ist das am meisten fotografierte und gefilmte Fenster der Welt. Dort kündigt er beispielsweise an, daß er ins Krankenhaus gehen wird: „Ich möchte Euch jetzt etwas anvertrauen: Heute abend gehe ich in die Gemelli-Klinik, um einige Untersuchungen vornehmen zu lassen.“ Das war am 12. Juli 1992: Man diagnostizierte bei ihm einen Tumor am Dickdarm. Noch stärker beeindruckte das Miterleben eines Unwohlseins, das ihn am Weihnachtstag 1995 während der Botschaft „Urbi et orbi“ ereilte: „Entschuldigt, ich muß unterbrechen! Benedicat vos omnipotens Deus, Pater et Filius et Spiritus Sanctus.“

Die Art, wie der Papst Krankheiten überwindet, hat ihm mehr Sympathien eingebracht als das frühere Image vom Schwimmer und Skifahrer. In der Audienzhalle sagte er einmal zu polnischen Pilgern: „Ihr habt gut daran getan, zu kommen und zu sehen, wie sich dieser Papst präsentiert. Man sagt ihm nach, er werde alt und sei nicht mehr in der Lage, ohne Stock zu gehen. Hingegen, in gewisser Weise, noch geht's, noch geht's! Seine Stimme ist noch ungebrochen, und mit seinem Kopf steht es gar nicht so übel!"

Zwischen den Papstgemächern und der Audienzhalle sind es Luftlinie kaum 240 Meter, was der Größe des Petersplatzes entspricht, aber um dahin zu gelangen – ohne das Territorium des Vatikans zu verlassen –, muß der Papst einen weiten Bogen machen: Er fährt mit dem Lift auf der Rückseite seiner Wohnung nach unten in den Hof von Sixtus V. und durchquert im Auto die Höfe San Damaso, Pappagalli, Borgia und der Sentinella. Dann wird er über die Via delle Fondamenta, die hinter der Apsis der Petersbasilika vorbeiführt, hinunter zum Santa Marta-Hospiz gefahren, und der Wagen hält an der Rückseite der Halle an.

Die Generalaudienzen verlaufen nach dem Schema, das Paul VI. festlegte: Sie werden mit einem „Wortgottesdienst" eröffnet, auf den die Katechese des Papstes folgt. Danach kündigen einige Prälaten des Staatssekretariats – in den verschiedenen Sprachen – die in der Audienzhalle anwesenden nationalen Gruppen an, die der Papst begrüßt. Er ist der einzige Papst des 20. Jahrhunderts, der zahlreiche Sprachen wirklich beherrscht. Außer Polnisch und Italienisch spricht er recht gut Französisch und Deutsch, improvisiert phantasievoll in spanischer und englischer Sprache und kann sich auch auf Portugiesisch und in den wichtigsten slawischen Sprachen gut verständigen. Einen Höhepunkt linguistischer Virtuosität erreicht er stets beim Segen „Urbi et orbi" zu Weihnachten und Ostern. Am 25. Dezember 1997 verlas er seinen Weihnachtsgruß in 56 Sprachen, sogar auf Mongolisch, in der Sprache der Roma, auf Türkisch, Malaiisch, Koreanisch und in Esperanto!

Wir haben den typischen Tagesablauf von Johannes Paul skizziert. Es ist bekannt, daß nie ein Papst der modernen Zeit so viele Tage und Nächte außerhalb seiner offiziellen Residenz verbracht hat wie Johannes Paul II.. In 20 Jahren war er 715 Tage auf Reisen in Italien und in aller Welt. Also etwa zehn Prozent seiner Tage als Papst sah er über sich einen anderen Himmel als den von Rom oder Castel Gandolfo. Johannes Paul II. war der erste, der nicht nur nach Castel Gandolfo gehen wollte. So verbrachte er 1987 seine Ferien zum ersten Mal in den Alpen.

Am Anfang stand der zweitägige Ausflug zum Adamello-Massiv im Juli 1984 mit seinem „Freund" Sandro Pertini, dem damaligen Präsidenten der Republik Italien. Da gab es die Fotos vom Papst auf Skiern.

In den Jahren 1985 und 1986 waren es kurze Tagesausflüge in die Abruzzen: einer auf den Gran Sasso, erneut zum Skilaufen, und ein anderer in den Maiella-Nationalpark zu einer Bergwanderung. Die bei dieser Gelegenheit aufgenommenen Fotos zeigen den Papst, wie er aus einem Lunchpaket ißt und unter einem Baum ausruht.

Die Ausflüge Johannes Pauls II., abgesehen von Castel Gandolfo, verbinden sich manchmal mit offiziellen Reisen. So spannte er einen halben Tag auf den Bergen der Tatra in seiner polnischen Heimat aus und in Naturparks in Kanada, Kenia, Spanien und den Vereinigten Staaten. Dieser rein menschliche Aspekt der Reisen des Papstes ist nicht unterzubewerten: Es ist seine Freude an der Bewegung, seine Liebe zur Natur und der Wunsch, die Welt und die Völker zu sehen.

Das am meisten auffallend Neue im Auftreten Johannes Pauls II. war der Umgang mit Frauen: In der Nervi-Halle empfing er 10.000 Ordensschwestern und ging eine Viertel Stunde lang durch zwei Reihen von ausgestreckten Händen, die ihn alle berühren wollten. Er beugte sich über die Brüstung der Terrasse der Nuntiatur von San Josè in Costa Rica, um einer Gitarristin die Hand zu reichen, die sie in einem Luftsprung berührte. Er bildete eine Kette mit Jugendlichen in einem Stadion, so etwa in Sydney, als er zwei Mädchen bei der Hand nahm und mit allen sang. Im Sportpalast von Genua nahm er das Gesicht eines Mädchens in seine Hände, die ihn im Namen von 13.000 Gefährten begrüßt hatte, und küßte sie auf die Stirn. Anschließend ging dieses Mädchen zu Kardinal Siri, der zwei Meter entfernt stand. Der gestrenge 80jährige Erzbischof streckte der 20jährigen die Hand entgegen zum Kuß des Bischofsrings.

Es gibt keinen Zweifel: Karol Wojtyła hat das Papstbild von den Bronze- und Marmorsockeln geholt und die lateinische Sprache abgeschafft, in der sich seine Vorgänger auszudrücken pflegten. Mutig hat er es dem alltäglichen Leben unserer Zeit angenähert. Den Tag des Papstes heute kann man nicht in feste Schemata fügen. Da gibt es viel Bewegung und unzählige Kontakte, aber auch Hemmnisse und Isolation. Es ist ein Kompromiß zwischen dem Alltag der „gefangenen" Päpste und dem relativ freien Leben der Päpste vergangener Jahrhunderte.

Der Tagesablauf der Päpste bis Pius IX. war voller Dynamik; und so ist es nun wieder bei Johannes Paul II., aber in der Zwischenzeit, acht Pontifikate lang, war er stark eingeengt. Vier Päpste – während der 55 Jahre von der Wahl Pius' X. im Jahre 1903 bis zum Tode Pius' XII. im Jahre 1958 – waren regelrecht Gefangene. Man muß schon auf Bilder von Mönchen und Vestalinnen anderer Zeiten oder von chinesischen Herrschern und indischen Asketen zurückgreifen, um Menschen aufzuspüren, denen eine vergleichbare Isolierung auferlegt war, wie das bei Benedikt XV. und Pius XII. der Fall war.

Und es waren nicht nur die Auseinandersetzungen mit dem italienischen Staat, die das tägliche Leben der Päpste behinderten. Die „Römische Frage" – wie dieser Streit genannt wurde – machte die Päpste zu „Gefangenen des Vatikans". In jener Zeit gingen sie nicht einmal zum Lateran, um von ihrer Bischofskirche Besitz zu ergreifen, und hielten sich in den Sommermonaten nicht in Castel Gandolfo auf. „Gefangener des Vatikans" war in seinen letzten Lebensjahren (aber immerhin acht Jahre lang) auch Pius IX.; danach Papst Leo XIII. (1878-1903) während seines ganzen Pontifikats, das ein Vierteljahrhundert dauerte. Aber keiner von beiden fand sich mit der Gefangenschaft ab; beide versuchten, in ihrem Alltag ihre Bewegungsfreiheit zu erhalten. Die Gefangenschaft endete dann nach der ersten Hälfte des Pontifikats von Pius XI. (1929); aber obwohl dieser wie auch sein Nachfolger Fahrten in die Stadt Rom und Aufenthalte in Castel Gandolfo wieder aufnahmen, hielten sie den Tag in strenger Abgeschiedenheit bei, der Pius X. unterworfen war und die Benedikt XV. sogar angenehm war.

Bis unter Pius IX. – also solange die „irdische Macht" der Päpste währte – gingen sie in den Sommermonaten nicht nur nach Castel Gandolfo, sondern hatten in Rom eine zweite Residenz im Quirinal (heute Sitz des Präsidenten der Republik Italien), zelebrierten regelmäßig in den großen Basiliken der Stadt, machten Ausflüge und Wallfahrten in die nähere Umgebung Roms. In Rom besuchten sie Kirchenmänner und bedeutende Familien, und für diejenigen unter ihnen, die das mochten – zu ihnen

gehörte Pius IX. –, gab es auch die Tradition der Kutschfahrt zum Pincio sowie Spaziergänge in den Straßen der Stadt.

Sein Nachfolger, Leo XIII., mochte sich nicht mit der strengen Klausur abfinden. Er war nämlich ein leidenschaftlicher Jäger und pflegte – selbst noch als Kardinal – oft nach Carpineto, ein Dorf, 80 Kilometer südlich von Rom, zu fahren. Da er über den großen Garten verfügte, nutzte er ihn so häufig wie möglich. In den Gärten unternahm Leo XIII. Rundfahrten in der Kutsche, ging spazieren und jagen (das heißt, er beobachtete die Jagd mit Fangnetzen eines „Päpstlichen Jägers") und genoß dort sogar die Sommerfrische. Der Turm, der heute als Turm von Radio Vatikan bezeichnet wird, wurde zum Sommersitz ausgebaut. Der Papst verbrachte dort Tag und Nacht, auch ganze Monate lang.

Wie bewegt im Vergleich zur Vergangenheit der normale Tag des Papstes heute auch sein mag, er bleibt doch meist beschränkt auf zwei Appartements eines hohen Palastes und einen darüber liegenden Dachgarten, von dem aus man auf die Dächer der Stadt blickt. Am 11. Juli 1997 während seiner Ferien in Lorenzago di Cadore zog Johannes Paul II. diesen lapidaren Vergleich zwischen der Abgeschiedenheit im Vatikan und dem weiten Horizont der Bergwelt: „Man muß jenes Gefängnis kennen, um diese Freiheit zu schätzen!"

Die Päpste heute gehen öfter aus ihrer ummauerten Stadt heraus, aber nicht mehr so häufig aus ihrem Palast. Früher gingen sie nach draußen, um in den Gärten spazierenzugehen. Vor allem Pius XII. liebte solche Spaziergänge. Der letzte, der das praktizierte, war Papst Johannes. Die übliche Praxis, alle vom Weg des Papstes fernzuhalten, war Paul VI. unangenehm; deshalb wünschte er sich den Dachgarten.

Folkloregruppe aus Krakau bei einer Aufführung vor dem Papst.

Über die „Exkursionen" der Päpste gab es immer Legenden. Eine erzählte Lino Marzioni, eine Art „Wasserträger" unserer Tage, der einmal pro Woche mit seinem Lieferwagen in den Vatikan kommt, um Kästen mit Mineralwasser an seine Kunden zu verteilen, zu denen auch die Papstwohnung gehört. Für diese Adresse entlädt er seine Träger vor einer kleinen Tür des Turms von Nikolaus V. (in der Nähe der Porta Sant'Anna), und dorthin kommt eine Schwester, die sie hereinholt. Eines Tages lehnte er dort an der Mauer und wartete. Lino sah, wie die Lifttür aufging, und glaubte den weißen Habit der Schwester zu sehen: Er hob die Augen und sah den Papst. Weil er nicht wußte, wie er sich verhalten sollte, stand er stramm. Der Papst lächelte ihm zu und klopfte ihm mit der Hand auf die Schulter.

Früher gab es im Vatikan den „Wasserträger" und den „Gemüsemann". Der erste brachte in die Wohnungen kleine Flaschen mit Trinkwasser, die auf den Rücken eines Esels geladen waren; der zweite ging jeden Tag alle Wohnungen ab, in den Armen Körbe voll mit Gemüse, das in den Vatikanischen Gärten geerntet wurde und das er nach Bedarf und Verfügbarkeit verteilte. Im Vatikan wurde immer gewirtschaftet: In Kriegszeiten wurde sogar in den Höfen Salat großgezogen, und noch heute versuchen die Ordensschwestern und Schwestern der Kirchenmänner Lino Marzioni, dem „Wasserträger", die leeren Weinflaschen wieder zu verkaufen, die sie nicht einfach wegwerfen wollen.

Hier wird gewirtschaftet, und ebenso ist es ein Ort eines erstaunlich einfachen Lebens von Personen, die wir gewöhnlich nur bei offiziellen Feierlichkeiten zu Gesicht bekommen. Als der amerikanische Erzbischof Paul Marcinkus noch im Amt war, holte er sich persönlich die Mineralwasserkästen von Linos Lieferwagen.

Vom Damasus-Hof zur Bibliothek des Papstes

Die Pilger kommen in den Vatikan, um das Grab des hl. Petrus und den Papst zu sehen. Die Staatsgäste reisen an zu Gesprächen mit dem Obersten Pontifex. Die Touristen kommen aus verschiedenen Motiven, hauptsächlich wegen der Museen. Der normale Pilger sieht den Papst während der Generalaudienzen und bei Feierlichkeiten auf dem Petersplatz oder in der Basilika.

Die Gäste aber begegnen ihm in den Audienzräumen im zweiten Stock des Apostolischen Palastes. Dort werden die Staatsoberhäupter und Regierungschefs empfangen, Botschafter, die ihre Beglaubigungsschreiben überreichen, und Bischöfe auf Ad limina-Besuch, aber auch Gäste der Ökumene, Persönlichkeiten des kulturellen Lebens, Gruppen mit Sonderaudienz.

Die erste Begegnung mit dem Vatikan für jeden Ehrengast ist der Damasus-Hof: Er ist das zeremoniale Entree des Päpstlichen Hauses, Ort des Empfangs für Staatsbesuche, den jeder Gast durchquert. Bei schönem Wetter liegt über ihm der beständige Zauber der Sonne Roms, wenn man aufsieht zu den Fenstern, die von drei Seiten diesen magischen Kubus umschließen, während von der vierten die Sonne hereinstrahlt. Ich kenne nur einen anderen architektonischen Raum, der in vergleichbarer Weise zu bezaubern vermag: das Kloster der oberen Basilika in Assisi.

Prädestiniert für päpstliches Zeremoniell, erträgt dieser Ort mit seinen Glaswänden keine Eindringlinge. Am 23. Dezember 1967 gingen die Glasfenster der dritten Loggia (die ganz oben) durch die schweren Rotoren des Hubschraubers des US-Präsidenten Lyndon B. Johnson zu Bruch: Um einer antiamerikanischen Demonstration wegen des Vietnamkriegs zu entgehen, hatte man beschlossen, den Helikopter im Damasus-Hof landen zu lassen; doch kaum war das dröhnende Ungetüm auf der Höhe des Dachgesimses, da begannen die Glasscheiben zu bersten. Der Hubschrauber mußte umkehren und landete auf dem Petersplatz. Seinerzeit verfügte der Vatikan noch nicht über einen Hubschrauber-Landeplatz, der zehn Jahre später im oberen Teil der Vatikanischen Gärten angelegt wurde.

Die „feierliche Audienz", mit der der Papst die neuen Botschafter empfängt, die zu ihm kommen, um ihm ihre Beglaubigungsschreiben zu überreichen, ist gleichsam die Visitenkarte päpstlicher Diplomatie. Im Protokoll ist sie in folgender Weise beschrieben:

- „Seine Exzellenz der Botschafter" wird „von einem Bediensteten der Vorzimmer und zwei Ehrenmännern Seiner Heiligkeit von seiner Residenz abgeholt". So begleitet „gelangt" er in den Damasus-Hof, wo „eine Abordnung der Päpstlichen Schweizer Garde ihm die Ehre erweist".
- „Auf der Ebene der Lifte wird seine Exzellenz der Botschafter von einem Ehrenmann Seiner Heiligkeit empfangen, und gleich anschließend fährt er hinauf zur zweiten Loggia, wo ihn die Bediensteten der Vorzimmer und die Tragsesselträger erwarten."
- „Von der zweiten Loggia begibt sich der Zug in die Sala Clementina, wo der Botschafter vom Präfekten des Päpstlichen Hauses empfangen wird, der ihn in die Privatbibliothek begleitet."
- „Der Präfekt stellt dem Heiligen Vater den neuen Botschafter vor", und „nach dem Austausch der Ansprachen" findet das „Privatgespräch" statt; darauf folgt ein Empfang beim Staatssekretär, wonach „der Botschafter die vatikanische Basilika besucht", um in die Sakramentskapelle und zum Grab des hl. Petrus zu gehen.
- Schließlich verabschiedet sich der Botschafter vor dem Verlassen der Basilika am „Tor des Gebets von den Würdenträgern, die ihn begleitet haben, und kehrt in seine Residenz zurück".

Mit dem wunderschönen Namen „Tor des Gebets" wird die „Porta Santa Marta" bezeichnet: ein Ausgang der Basilika, der auf die Piazza Santa Marta führt. Da steht dann der Botschafter überwältigt vom Prunk des Damasus-Hofes, der Sala Clementina, der zehn Durchgangssäle und natürlich des Petersdomes.

Ähnlich – aber natürlich feierlicher – verläuft der offizielle Besuch eines Staatsoberhauptes. In dem

Blick von der dritten Loggia auf den Damasus-Hof.

Fall ist der Gang in die Basilika im Protokoll wie folgt beschrieben: „Der Zug bildet sich neu; er steigt nach Durchquerung des Königssaals auf der Scala Regia hinab bis zum Reiterstandbild des Konstantin und betritt die Vorhalle der Basilika Sankt Peter."

Im Apostolischen Palast gibt es viele Säle. Sie werden für die verschiedenen Audienzen je nach der Anzahl der Personen ausgewählt, die am Empfang teilnehmen, oder in genau überlegter symbolischer Absicht, indem man einen Bezug herstellt zum Namen des Raumes oder zu seiner Ausstattung oder seiner traditionellen Nutzung.

So findet beispielsweise die Begegnung des Papstes mit den Kardinälen, der Päpstlichen Familie, der Kurie und der römischen Prälatur zum Austausch der Weihnachtsglückwünsche in der Sala Clementina statt. Das ist der Saal für ganz feierliche Anlässe; dorthin gelangt man direkt über die große Treppe des Sixtinischen Palastes. In ihm empfingen die Päpste das „Patriziertum und den Adel Roms" zum Neujahrsempfang. Zum letzten Mal wurden sie dort von Paul VI. am 15. Januar 1964 empfangen, und er bat sie, Kenntnis davon zu nehmen, daß die Zeiten sich geändert hätten: „Wir sind nicht mehr, wie Ihr sehr wohl wißt, der irdische Souverän, um den sich in den vergangenen Jahrhunderten die gesellschaftliche Schicht scharte, der Ihr angehört." Hier empfängt der Papst die Botschafter für die „gemeinsame Überreichung" der Beglaubigungsschreiben.

Einem besonderen Gast werden manchmal im Vatikan Orte gezeigt, die normalerweise nicht zugänglich sind. Beispielsweise war am 4. Dezember 1997 zu Besuch im Vatikan „Seine Exzellenz, Herr Raul Castro, erster Vizepräsident des Staatsrates von Kuba" und Bruder Fidel Castros. Man befand sich in einer sehr delikaten Phase der Verhandlungen für den bevorstehenden Papstbesuch in Kuba. Offiziell jedoch verlautete, der Besuch habe „privaten" Charakter und beruhe auf dem „Wunsch" Raul Castros, „einige vatikanische Orte zu besichtigen". Niemand glaubte das, woraufhin der Sprecher offiziell ankündigte: „Morgen nachmittag ist ein Besuch in den Grabungsstätten und in der vatikanischen Basilika geplant. Vom Damasus-Hof aus wird Seine Exzellenz Raul Castro den Königssaal, den Fürstensaal, die Cappella Paolina und die Sixitinische Kapelle besichtigen."

Bei aller Feierlichkeit gönnt sich Johannes Paul eine unglaubliche Freiheit in seinen Gesten. Die Zeitungen berichteten von der Großherzigkeit, mit der er seinen „Freund Pertini" bis zum Damasus-Hof geleitete. Diese Ehre hatte offenbar noch nie ein Papst einem Gast erwiesen. Noch einen Schritt weiter ging er beim Empfang von Lech Wałęsa am 21. April 1989, als er sich vom damaligen polnischen Präsidenten noch einmal umarmen ließ, damit die Fotografen das aufnehmen konnten.

Man sollte sich vergegenwärtigen, daß einst jeder Besucher den Fuß des Papstes küssen mußte und nicht mit ihm sprechen durfte! Im folgenden der ironiegeladene Bericht dieses rituellen Geschehens, den Montaigne in seiner „Reise in Italien" aufzeichnete, bezugnehmend auf den 29. Dezember

1580, als er Papst Gregor XIII. besuchte: *Wenn die Eintretenden einen oder zwei Schritte in den Raum getan haben, in dem der Papst thront, beugen sie – wer immer sie sind – ein Knie auf den Boden und warten, daß ihnen der Pontifex den Segen erteilt, was er dann auch tut. Danach erheben sie sich wieder und gehen vor bis zur Mitte des Raumes. (...) Sie knien erneut nieder und empfangen einen weiteren Segen. Nachdem sie das vollzogen haben, begeben sie sich zu ihm bis zu einem Teppich, der sieben oder acht Fuß vor ihm ausgebreitet ist. Am Rande dieses Teppichs ziehen sie Knieschoner an. Daraufhin beugt der Botschafter, der sie vorgestellt hat, selbst ein Knie zum Boden und hebt das Gewand des Papstes über seinem rechten Fuß zur Seite, der mit einem roten Pantoffel beschuht ist, oben mit einem weißen Kreuz verziert. Die Niederknienden verharren in dieser Haltung bis zu seinem Fuß und beugen sich zum Boden, um ihn zu küssen. Herr Montaigne bemerkte, daß er die Fußspitze leicht angehoben habe.*

Montaigne war ein säkularer Geist, doch es gab auch Heilige, die die Vorstellung, man dürfe nicht mit dem Papst sprechen, absurd fanden. Im folgenden ist zu lesen, wie Therese von Lisieux anläßlich ihres Rombesuchs (1887) sich dieser Regel widersetzte und darüber in ihrer Selbstbiographie berichtet: *Leo XIII. saß auf einem großen Sessel. Er war umgeben von Kardinälen, Erzbischöfen und Bischöfen. Wir schritten einer nach dem andern an ihm vorüber. Jeder Pilger kniete, wenn er an der Reihe war, nieder, küßte Fuß und Hand Leos XIII. und empfing seinen Segen. Zwei Nobelgardisten gaben dem Pilger hierauf mit einer leichten Berührung das Zeichen, sich zu erheben. Ich wandte mich zu meiner geliebten Céline, um zu wissen, was sie dächte: „Rede!" sagte sie zu mir. Im nächsten Augenblick kniete ich zu Füßen des Heiligen Vaters. Nachdem ich seinen Pantoffel geküßt hatte, reichte er mir die Hand, aber statt sie zu küssen, legte ich die meine hinein, schlug meine tränenfeuchten Augen zu ihm auf und rief: „Heiligster Vater, ich möchte Sie um eine große Gnade bitten!" (...) Die Güte des Heiligen Vaters gab mir Mut, und ich wollte noch mehr sagen, aber die beiden Nobelgardisten berührten mich höflich, um mich zu veranlassen aufzustehen. Als sie sahen, daß dies nicht genügte, griffen sie mir unter die Arme und rissen mich mit Gewalt von seinen Füßen fort.*

Unter Paul VI. wurden die Audienzräume, die früher als „Nobelgemächer des Apostolischen Palastes" bezeichnet wurden, neu gestaltet: Die dazugehörigen Säle sind in ihrer Ausstattung und Namensbezeichnung geändert worden. Durch die Renovierungsarbeiten wurde das Ambiente modernisiert. Dabei wurde versucht, dem Bild der Kirche nach dem Zweiten Vatikanum gerecht zu werden: Nicht mehr zeitgemäßer Prunk wurde entfernt, dafür wurden alte und moderne Statuen und Gemälde mit einer klaren Aussage hinzugefügt.

Links: Statue Karls des Großen.

Oben: Der Papst im Gespräch mit einem Bischof im Saal der Schweizer Garde.

IOANNES XXIII PONT MA

In den Jahren, als Paul VI. die Audienzräume renovieren ließ und den Hofstaat und die Päpstlichen Armeekorps abschaffte, formulierte ein loyaler, aber unbestechlicher Theologe, Hans Urs von Balthasar, den Johannes Paul später zum Kardinal ernannte, einen ganz radikalen Vorschlag: „Tatsächlich läge es fast in der Logik, daß der Papst den Vatikan in ein Museum umwandelt und vor die Tore Roms zieht. Das könnte ein Zeichen sein, eines der vielen, die Paul VI. bereits gegeben hat" („Klarstellungen", 1971).

Diesem auf dem Evangelium gründenden Einwand Rechnung tragend, wollte Paul VI. – so glauben wir – seine „Zeichen" setzen, unter anderem auch durch die Neugestaltung der Audienzräume. Das „Entscheidende", hatte von Balthasar geschrieben, ist nicht der reiche oder arme Ort der päpstlichen Wohnung, sondern daß die „scheinbare Gewaltigkeit seiner Strukturen in ihren wahren Grenzen sichtbar wird". Sicherlich wird sie gegenwärtig sichtbarer als in der Vergangenheit.

Wir sehen also die Spuren der Reform in den Audienzräumen, die gemeinsam zu deuten sind mit der Abschaffung des Kardinalsgefolges, mit der Ablegung der Tiara und dem Verzicht auf eine Krönung, mit dem Verbot (von Paul VI. gleich nach seiner Wahl erlassen), sich vom „Osservatore Romano" als „Heiligkeit unseres Herrn" titulieren zu lassen, mit der Abschaffung der Pfauenwedel und der gezückten Säbel, die in früheren Zeiten den Papst selbst im

Links: Besuch des spanischen Königs Juan Carlos von Bourbon.

Oben: Geburtstagsfeier des Papstes.

Gottesdienst umgaben. In der Sala Clementina hängt nicht mehr der riesige prunkvolle Lüster, dessen Entfernung die Kunsthüter des Vatikans bedauerten. Der „Saal der Tragsesselträger" wandelte sich in ein „Vorzimmer": Hier empfingen jene Männer, die den Papst auf der Sedia gestatoria auf ihren Schultern trugen, die Besucher und übergaben sie an die Bediensteten des päpstlichen Vorzimmers (sie wurden nach dem Holzportal bezeichnet, das in die „Palatinischen Hallen", die Säle des Palastes, führte). Diese begleiteten sie auf dem Rest des Weges. Jetzt gibt es dieses Holzportal und auch diese Bediensteten nicht mehr. Die Tragsesselträger sind geblieben, aber beschränken sich darauf, die Gäste zu empfangen, da Johannes Paul II. die Sedia gestatoria nie benutzt hat. Der „Saal der Gendarmen" wurde zum „Saal des hl. Ambrosius": Dort leistet Tag und Nacht eine Schweizer Garde mit Hellebarden ihren Dienst. Die alte Bezeichnung kam von den Gendarmen in Prachtuniform, mit Husarenmützen und Stiefeln, die hier die Besucher während der Audienzzeiten begleiteten. Den neuen Namen lieferte eine Holzstatue des hl. Ambrosius

Unten: Königssaal

Rechts: Der Pigna-Hof, im Vordergrund die „Sphäre" von Arnaldo Pomodoro.

aus dem 5. Jahrhundert, der Erzbischof von Mailand war: Die Wahl dieser Bezeichnung ist ein Hinweis auf die Biographie Pauls VI., der Erzbischof von Mailand war, bevor er Papst wurde.

Die „Sala d'Angolo" wurde zum „Saal der Bildhauer": Er wurde früher „Sala d'Angolo" genannt, weil seine Fenster nach zweiten Seiten hinaussehen, und dann „Saal der Bildhauer" genannt, weil sich in ihm Werke von Francesco Nagni, Francesco Messina, Lello Scorselli, Giuseppe Pirrone und Enrico Manfrini befinden, alles Bildhauer des 19. Jahrhunderts. „Zum ersten Mal nach langen Jahren wurden diese offiziellen Räumlichkeiten auch mit Werken zeitgenössischer Künstler ausgestattet" (Romeo Panciroli); das gilt auch für den Schwesternsaal „Saal der Maler". Ursprung dieser Entscheidung, sich der zeitgenössischen Kunst zu öffnen, ist eine offizielle Erklärung Pauls VI. am Himmelfahrtstag 1964 in der Sixtinischen Kapelle, als die Neugestaltung der Audienzräume bereits dem Mailänder Architekten und Raumgestalter Dandolo Bellini anvertraut war. „Wir brauchen Euch", sagte er bei dem Anlaß zu den Künstlern. „Unser Amt ist die Verkündigung, die Welt des Geistes, des Unsichtbaren und Unsagbaren, die Welt Gottes zu erschließen und verständlich, ja zugänglich zu machen."

Mit dieser Erklärung und seiner zeitgemäßen Entscheidung, von Zeitgenossen bereicherte Kunst im Vatikan zu zeigen, knüpfte Paul VI. an die große Tradition der Päpste an, die in den letzten beiden Jahrhunderten unterbrochen worden war. Der „Saal der Gobelins“ wurde zum „Saal der Päpste“. Dort wird ein wunderschönes Bildnis Bonifaz’ VIII. von Arnolfo da Cambio verwahrt, das sich ursprünglich in der alten Petersbasilika und später in den Grotten befand. Vor den Reformen Pauls VI. hielten sich in diesem Saal die Offiziere der Schweizer Garde und der Päpstlichen Palastgarde auf. Im benachbarten Saal hingegen war die Wache der Nobelgarde stationiert. Der „Saal der Nobelgarde“ wurde zum „Saal der Maler“: Silvio Consadori, Floriano Bodini und Luigi Filocamo sind die Künstler, die von Beratern Pauls VI. erwählt worden, unter denen sein Mailänder Sekretär (und spätere Erzbischof von Loreto), Don Pasquale Macchi, maßgeblichen Einfluß hatte.

Die Neugestaltung der Audienzräume legt einen Rundgang mit Blick auf die zeitgenössische Kunst nahe. Wir können beginnen an den Toren der Petersbasilika, von denen vier von zeitgenössischen Künstlern stammen, und dann weitergehen zu den neueren Kunstwerken in der Basilika und in den Grotten: das Denkmal für Pius XII. von Francesco Messina, das für Johannes XXIII. von Emilio Greco, die Skulpturen von Manfrini am „Tor des Gebets“ und die beiden Bronzekandelaber von Egidio Giaroli vor der Statue des hl. Petrus.

Unten und rechts: Empfang der Botschafter.

Zu diesem Rundgang gehört auch die Audienzhalle von Pierluigi Nervi und die Skulptur des auferstandenen Christus von Pericle Fazzini, die ihr den Hauptakzent gibt. „Dieses Bildwerk war für mich ein großes Gebet", sagte der Künstler bei der Einweihung. Dazu zählen müßte man auch die Papstkapelle im dritten Stock des Apostolischen Palastes, ferner die Säle der Bildhauer und Maler, welche zu den Audienzräumen gehören, die wir soeben durchquert haben, die Neugestaltung der Cappella Matilde im zweiten Stock unter Johannes Paul, die zur Kapelle „Redemptoris Mater" wurde; sie birgt Skulpturen von Fazzini und Fenster des Ungarn Hajnal, der auch die Fenster der Audienzhalle entwarf. Der Weg führt weiter zur „Sammlung Moderner Religiöser Kunst", die zu den Vatikanischen Museen gehört, und – als letzter Ausblick – zur „Sphäre in der Sphäre" von Arnaldo Pomodoro im Pigna-Hof.

Der „Thronsaal" heißt jetzt „Saal der Evangelisten": Der vergoldete Papstthron wurde durch einen schlichteren ersetzt, der an die ursprüngliche Gestalt von Bischofsstühlen erinnert, mit zwei großen Konsolen an den Seiten, die aus den Grotten und der alten Basilika stammen, auf denen die Apostel Petrus und Paulus abgebildet sind. Der neue Name des Saals weist auf die Statuen der vier Evangelisten, die an den Seitenwänden beim Thron aufgestellt sind und ebenfalls aus der einstigen Peterskirche stammen. Vor dem Thron steht ein von einem römischen Pelikan getragener steinerner Tisch, auf dem eine Bibel aus dem 15. Jahrhundert liegt. Das Ensemble ist in seiner Aussage leicht zu interpretieren: die

Links: Die Scala Regina.

Oben: Der Saal des Konsistoriums.

Bibel und die Evangelisten, die Apostel als Gründer des römischen Bischofssitzes und der Thron, der hier nicht dominiert und allein steht, sondern ein Element in einer Gesamtgestaltung ist, die ihn umgreift und stützt. Symbolisch wird das Ganze von Statuen, Steinen und einer Bibelausgabe unterstrichen, die älter sind als der barocke Thron, der allein vorherrschte und dem Saal vor der Reform Pauls VI. seinen Namen gab. Auch solche Referenzen an die Vergangenheit haben ihre Bedeutung: Sie bekunden, daß die Neugestaltung auf eine ältere Tradition zurückgreift als die, die sie ersetzt.

Das „Geheime Vorzimmer" wurde zum „Saal des Erlösers". An der Schwelle zum Geheimen Vorzimmer (womit „privat" gemeint ist) stand in den Audienzstunden – das heißt, wenn der Papst in der Bibliothek war – eine Nobelgarde mit gezückten Säbeln. Paul VI. beschloß 1970 die Abschaffung der Nobelgarde. Sicher waren die gezückten Säbel harmlos, doch es war klar, daß dieser Papst, der sogar die Angemessenheit der päpstlichen Gewänder in Frage stellte, sie nicht mehr wollte. Paul VI. hatte sich einmal gefragt: „Ein schlichter Mantel eines Fischers oder eines Pilgers, wäre das nicht ein getreueres und realeres Bild von Petrus als das, was der päpstliche Mantel, mit dem sein Nachfolger bekleidet wird, ausdrückt?“

Der „Saal der Päpste“ wurde zum „Saal der Madonna“, und der „Saal des hl. Johannes“ wurde wieder „Saal der hl. Katharina“ getauft. Letzterer fungiert als Sitz des Präfekten des Päpstlichen Hauses, des Prälaten, der die Audienzen leitet. In diesem Saal schlief Leo XIII. und nahm seine Mahlzeiten ein, bevor unter Pius X. die Privatgemächer im dritten Stock eingerichtet wurden, die dann von allen Päpsten unseres Jahrhunderts bewohnt wurden.

Der „kleine Thronsaal“ wurde zum „Saal der Heiligen Petrus und Paulus“: Auch hier, an der Schwelle zur Papstbibliothek ist die Bedeutung der neuen Benennung und Ausstattung offensichtlich – was auch für den Saal der Evangelisten gilt.

Unten und rechts: Die von Pierluigi Nervi entworfene Audienzhalle. Die bronzene Christus-Skulptur ist ein Werk Pericle Fazzinis.

FIDES
MVNDO

Zeitliche Macht und Freiheit der Kirche

Nun sind wir endlich in der Bibliothek des Papstes, die Fernsehzuschauern in aller Welt vertraut ist, denn hier empfängt der Papst jene Gäste, mit denen er ein Privatgespräch führt. Hier empfing Johannes Paul II. Gorbatschow und Mandela, Fidel Castro und Jelzin, Carter und Reagan, Bush und Clinton, Königin Elisabeth von England und Fürstin Grazia Patrizia von Monaco, Solschenizyn und den Dalai Lama, Rabin und Arafat, Jaruzelski und Wałęsa.

Die Bibliothek hat drei Fenster zum Petersplatz hin und ist schlicht eingerichtet, eher wie ein Arbeitszimmer denn als repräsentativer Salon. An der Wand gegenüber dem Eingang findet sich das große Gemälde „Auferstehung Christi" von Perugino und hinter dem Schreibtisch des Papstes ein Bild der Madonna von Antoniazzo Romana. Auf einem Tisch aus dem 15. Jahrhundert liegt eine Bibel mit Miniaturen aus dem 14. Jahrhundert. Eine Sammlung von Bibeln aus verschiedenen Jahrhunderten und in verschiedenen Sprachen, die vollständige Werkausgabe der Kirchenväter und die Enzykliken der Päpste sowie einige Werke der Kirchengeschichte stehen in den Buchregalen aus dem 15. Jahrhundert an den vier Wänden. Wie die Ausstattung der verschiedenen Säle vermittelt auch diese Auswahl ihre eigene Botschaft: Das Amt des Papstes gründet auf der Heiligen Schrift, auf den Kirchenvätern und der kirchlichen Tradition.

Der Komplex der Scala Regia, des Fürstensaals und des Königssaals ist für normale Besucher nicht zugänglich. Hier wurde das Papsttum als politische Macht zelebriert. Genauer gesagt: In dieser bereits dem Durchgang (Scala Regia) und dem Empfang der Fürsten (Fürstensaal) und der Könige (Königssaal) zugeordneten Umgebung kommt in der klaren Formensprache der Architektur und Malerei der Führungsanspruch des Papstes über alle Herrscher, Fürstentümer und jede Macht zum Ausdruck.

Der französische Kardinal Jacques Martin, der über 50 Jahre im Vatikan lebte und von 1969 bis 1986 Präfekt des Päpstlichen Hauses war, schreibt, daß es bei der Ausgestaltung dieser Räumlichkeiten „darum ging, einige der ruhmreichsten Seiten der Geschichte der Päpste wieder zum Leuchten zu bringen und derart die Gelegenheit zu suchen, die illustren Persönlichkeiten, die dort empfangen werden, an den Führungsanspruch der geistlichen Macht über das Zeitliche zu erinnern".

Aus dem Anspruch der Überlegenheit des Papsttums über Königreiche und Fürstentümer – der die Abschaffung der Monarchie überdauerte – erwuchs zum großen Teil der Streit der Kirche Roms mit der Moderne, ihre Schwierigkeit, die säkularen Staaten anzuerkennen, die aus der Französischen Revolution hervorgingen, ihre Verweigerung – die bis ins Jahr 1929 reicht –, sich den irreversiblen Verlust ihrer irdischen Macht einzugestehen.
Mit den Lateranverträgen, die 1929 zwischen Italien und dem Heiligen Stuhl geschlossen wurden, beginnt die Phase der Anerkennung wechselseitiger Unabhängigkeit und Autonomie zwischen der geistlichen Macht und der irdischen Macht, die formal auf eine gleiche Ebene gestellt wurden. Im Artikel 26 des Vertrags zwischen Italien und dem Heiligen Stuhl wird diese Gleichheit ausdrücklich bekräftigt: „Der Heilige Stuhl erkennt das Reich Italien unter der Dynastie des Hauses Savoyen mit Rom als Hauptstadt des italienischen Staates an. Seinerseits erkennt Italien den Staat der Vatikanstadt unter der Souveränität des Römischen Pontifex an."

Damit hatte man den Schritt vom Anspruch der Überlegenheit zur Gleichheit getan. Die Idee der Gleichheit rief Bedenken hervor, den Vatikanstaat mit eigener Flagge und Münzhoheit, mit Briefmarken und eigenem Bahnhof, Rundfunksender und Automobilkennzeichnen auszustatten. Beim Besuch des Vatikans werden wir jedoch sehen, daß diese Zeit in der Tat überwunden ist. Neue Formen im Anspruch auf Unabhängigkeit und Autonomie

Der Papst empfängt in seiner Privatbibliothek den damaligen polnischen Staatspräsidenten Lech Wałęsa.

sind bereits zu erkennen: eine Form, die weniger auf die Herstellung symbolhafter Gleichheit abzielt, vielmehr sich mit der Garantie echter Autonomie zufriedengibt und sich im Blick auf den einzigen Anspruch der Freiheit der Christen vor allen Machtübergriffen entschieden zeigt, wie das grundsätzlich im Zweiten Vatikanum bekräftigt wurde.

Als Kardinal Martin Präfekt des Päpstlichen Hauses war, hatte er fast zwei Jahrzehnte lang die Aufgabe, Staatsbesuchern im Auftrag der Päpste Paul VI. und Johannes Paul II. die Gastehre des Hauses zu erweisen. Das waren die Jahre, in denen die Entscheidung für die Autonomie während des Zweiten Vatikanums ihre Früchte trug. Eine neue Haltung begann sich abzuzeichnen, die sich offenbar von jener Entscheidung ableitet, von jener Entscheidung für die Freiheit der Kritik und des Einspruchs gegenüber den Staaten, im vollen formellen Respekt und in klarer Distanz zu politischen Auseinandersetzungen. Von daher ist Kardinal Martin

mit den Schriften, die er hinterlassen hat, ein idealer Führer durch diese Räumlichkeiten.

Treten wir also ein in den Königssaal und suchen wir an den Wänden die Geschichte der Päpste, die ihren Führungsanspruch über die irdische Macht behaupteten, der von dieser nie auf friedliche Weise anerkannt worden ist. Am Eingang der Cappella Paolina finden wir die große Szene des Gangs nach Canossa: Das Fresko Federico Zuccaris zeigt uns Kaiser Heinrich IV., der im Februar 1077 in reumütiger Haltung Gregor VII. in der Burg der Markgräfin Mathilde um Verzeihung bittet und diese erlangt.

Neben dem Eingang des Fürstensaales, der mit dem Königssaal ein L bildet, finden wir eine weitere Darstellung der Überlegenheit des Sacerdotiums über das Imperium in einem Fresko Francesco Salviatis: der sogenannte „Friede von Venedig" im Jahre 1177 mit Kaiser Friedrich Barbarossa, der sich vor Alexander III. niederwirft, wobei ihm der Papst sogar den Fuß auf die Schulter stellt. Letzteres ist eine historische Fälschung: Zwischen den beiden gab es nur einen „Friedenskuß", aber das päpstliche Gefolge pflegte diese Legende nach eigenem Gutdünken.

Auf der Stirnwand des Königssaals befinden sich zwei große Fresken Giorgio Vasaris, die den Sieg der Christen in der Schlacht von Lepanto (7. Oktober 1571) feiern. Auf der Nordwand sind drei Fresken vom gleichen Künstler, die das Blutbad in der Bartholomäusnacht (23. – 24. August 1572) glorifizieren: Die beiden Ereignisse sind als zwei Triumphe des Glaubens – über die Türken und über die Häretiker – interpretiert. Die Darstellung der Schlacht zeigt im Vordergrund drei Frauen mit zusammengebundenen Armen, welche die drei Mächte der Liga gegen die Türken versinnbildlichen: das Papsttum, Spanien und die Republik Venedig. Die Frau in der Mitte, die das Papsttum verkörpert, trägt auf ihren blonden Locken die Tiara, in der Rechten hält sie das Papstkreuz und in der Linken die Schlüssel des hl. Petrus: Meines Wissens war das die einzige Frau, die den Heiligen Stuhl repräsentierte, ehe Johannes Paul 1995 die US-Bürgerin Mary Ann Glendon an die Spitze der vatikanischen Delegation auf der in Peking stattfindenden UNO-Frauen-Konferenz stellte.

Die drei Fresken, die der Bartholomäusnacht gewidmet sind (Der verwundete Admiral Coligny –

Rechts und links: Der Präsident der Vereinigten Staaten von Amerika, Bill Clinton, mit Gattin beim Staatsbesuch.

Oben: Alexander Solschenizyn mit Gattin auf dem Petersplatz.

Das Massaker – Karl IX. von Frankreich, der das Massaker billigt und Gott dankt), wurden wenige Monate nach den Morden an den französischen Hugenotten gemalt, die von der katholischen loyalen Partei unter Führung Katharinas von Medici meuchlings überfallen wurden. Jahrhundertelang waren sie Gegenstand der Polemik, und nicht nur von protestantischer Seite: „So gibt es also in Europa einen Ort, wo das Morden öffentlich verherrlicht wird!" schrieb am 7. März 1828 in seinen „Römischen Spaziergängen" der französische Schriftsteller Stendhal.

Die Fresken im Königssaal waren nicht die einzige Verherrlichung der Mordtaten durch Gregor XIII.: Er ließ darüber hinaus in den Kirchen Santa Maria Maggiore und San Luigi dei Francesi das „Te Deum" anstimmen und Gedenkmedaillen überreichen, von denen eine die Inschrift trug: „Pietas excitavit justitiam" (Frommer Eifer weckte die Gerechtigkeit), während eine andere den Engel der Vernichtung darstellte, mit den Worten: „Hugonotorum strages" (Das Gemetzel der Hugenotten).

Bei seinem Parisbesuch im August 1997 rief Johannes Paul während einer Nachtwache mit einer Million Jugendlicher gerade in der Bartholomäusnacht diese Ereignisse im Zeichen der Reue zum Großen Jubiläum und ökumenischer Versöhnung in Erinnerung: „In der Nacht zum 24. August können wir nicht das schmerzliche Massaker von Sankt Bartholomäus vergessen und dessen sehr dunkle Beweggründe in der politischen und religiösen Geschichte Frankreichs. Christen haben etwas getan, was das Evangelium verurteilt." Diese Ereignisse hätten nicht als ein Sieg des Glaubens ver-

herrlicht werden dürfen. Johannes Paul hat in Paris die Verherrlichung der unter jenem Vorgänger begangenen Greueltaten mißbilligt und damit die Bedeutung dieser Fresken gewandelt. Man könnte einen Rundgang im Vatikan beschreiben, der eine Abfolge der Orte des Triumphalismus anderer Zeiten ist, der von den Reformpäpsten der zweiten Hälfte des 20. Jahrhunderts bereits einer Revision unterzogen worden ist.

Der wohl reizvollste Rundgang zur Jahrtausendwende könnte am mittleren Portal der Petersbasilika beginnen, wo Filarete Papst Eugen IV. abgebildet hat, der die Gehorsamsbekundung des Kaisers des Ostens und des Kaisers des Westens entgegennimmt. Der Vatikan ist voll mit Bildern von Päpsten auf dem Thron, die von Regierenden verehrt werden: Skulpturen, Gemälde, Münzprägungen und Miniaturen. Am ausdrucksstärksten aber ist das Werk von Filarete, weil es – vielleicht das einzige in der ganzen Stadt – in zwei Panelen nebeneinander die Souveränität des Papstes über beide Reiche unterstreicht.

Unten und rechts: Touristen in den Stanzen des Raffael im Vatikan.

Die Verehrung seitens des Herrschers des Ostens, Johannes VIII. Paläologus, wurde Eugen IV. während des Unionskonzils zwischen der Kirche von Rom und den Kirchen der Orthodoxie zuteil, das von 1438 bis 1439 in Ferrara und Florenz stattfand. Anläßlich dieses Konzils zwang Eugen IV. den Patriarchen von Konstantinopel, Josef II., ihm die Füße zu küssen.

Wenn wir vom mittleren Tor aus die Basilika betreten, liegt es auf der Hand, auch an das Zeichen der Wiedergutmachung gegenüber dem Patriarchen von Konstantinopel zu erinnern, das Paul VI. im Mittelschiff setzte, um jene Geste der Unterwerfung zu korrigieren, die sein Vorgänger Eugen IV. erzwungen hatte: Am 14. Dezember 1975 (zum zehnten Jahrestag der Aufhebung der gegenseitigen Exkommunikation zwischen den beiden Kirchen) kniete Paul VI., in liturgische Gewänder gekleidet, nieder und küßte die Füße des Metropoliten Meliton, des Abgesandten des Patriarchen von Konstantinopel.

Der Petersdom erinnert noch an ein weiteres Zeichen der Wiedergutmachung, den Verzicht Pauls VI. auf die Tiara. Es war der 13. November 1964: Der

Papst ließ während des Konzils ankündigen, daß er seine Tiara für Arme und Notleidende spende. Man sah ihn vom Thron steigen, in beiden Händen die Tiara haltend, die die Mailänder ihm zur Krönung geschenkt hatten; er ging zum Altar und legte sie darauf ab. In dieser Geste lag auch ein Stück Selbstkritik, diesmal im Blick auf den römischen Prunk. Seit jenem Tag benutzte der Papst die Tiara nicht mehr, und auch seine Nachfolger nicht : Die Krönungsfeierlichkeiten wurden durch eine „Amtseinführung des Oberhirten der Weltkirche“ ersetzt.

Am Eingang zu den Grotten finden wir nicht mehr den Stein von Sixtus V., der einst unten am Sankt Andreas-Pfeiler Frauen mit der Exkommunikation bedrohte, falls sie es wagten, da herunterzusteigen.

Im Apostolischen Palast finden wir neben dem Königssaal eine weitere mögliche Station auf diesem Rundgang der Reformpäpste, eine der Stanzen des Raffael, die Stanza des Heliodor, in der die „Vertreibung des Heliodor aus dem Tempel“ (eine Episode aus dem zweiten Buch der Makkabäer 3,25-27) so dargestellt ist, als sei sie in Anwesenheit von Julius II. geschehen, der dieses Fresko in Auftrag gegeben hatte. In der Stanza des Heliodor ist auch die „Begegnung Papst Leos mit Attila“ dargestellt: Hier wird der Feierlichkeit Aktualität verliehen, indem in den Gewändern Leos des Großen der Medici-Papst Leo X. abgebildet ist, der in der Zwischenzeit Nachfolger von Julius II. geworden war.

Es gibt noch zwei weitere Bildwerke in den Stanzen des Raffael, die Impulse für die von Johannes Paul vorgeschlagene „Gewissenserforschung am Ende des Jahrtausends“ im Blick auf das Große Jubiläum geben können: das Bildwerk „Schlacht von Ostia“ in der Stanza dell'Incendio und die „Konstantinische Schenkung“ in der Stanza des Konstantin. Das Fresko „Schlacht von Ostia“ glorifiziert den Sieg Leos IV. (des Papstes der Leoninischen Mauern) über die Sarazenen; aber auch hier ist in der Gestalt des Papstes der regierende Leo X. abgebildet. Die gesamte Darstellung ist eine Anspielung auf den Plan dieses Papstes, einen erneuten Kreuzzug gegen die Türken zu führen. Johannes Paul II. ist während seiner Besuche in Afrika und in arabischen Ländern wegen der Verantwortung der Päpste für die Kreuzzüge des öfteren heftig kristisiert worden. Er hat energisch dagegen bekundet, daß die Kreuzzüge – obwohl sie in der Denkweise ihrer Zeit zu rechtfertigen seien – nicht „eine dem Evangelium gemäße“ Weise der Verteidigung des Glaubens gewesen sind.

Das Fresko der „Konstantinischen Schenkung“ findet sich zwischen den beiden Fenstern der Stanza des Konstantin, von denen aus man auf den Hof des Belvedere blickt, und wurde Anfang des 16. Jahrhunderts von Giulio Romano und Francesco Penni gemalt. Die „Schenkung“ ist bekanntlich eine mittelalterliche Fälschung, deren sich mindestens fünf Jahrhunderte lang die Päpste zur Rechfertigung ihres Führungsanspruchs in weltlichen Dingen bedienten.

Der Rundgang unter dem Gesichtspunkt der Gewissenserforschung zum Großen Jubiläum der Kirchengeschichte könnte mit einer Besichtigung der Bibliothek und des Palastes des Heiligen Offiziums enden, dem wir während unseres Besuchs in der Umgebung der Vatikanstadt noch begegnen werden: Er war der Sitz der „Römischen und Universalen Inquisition“. Bekanntlich steht das Thema Inquisition im Mittelpunkt des „Mea culpa“ zur Jahrtausendwende, das Johannes Paul gesprochen hat.

In der Bibliothek, hinter dem großen Sixtinischen Saal, finden wir das Fresko „Kreuzzug gegen die Albigenser“. Auf Tradition gegründet, kann die Kirche von Rom sich nur schwer von ihrer Vergangenheit lösen. Der ganze Vatikan ist ein eindeutiger Beleg für dieses „Gesetz“. Deshalb ist die Kirche an der Schwelle zur Jahrtausendwende seit vier Jahrzehnten dabei, ihre eigene Geschichte zu überdenken, und bittet um Vergebung. Wenn sie weiter vorangehen will, muß sie sich die Last der Vergangenheit auf ihre Schultern laden.

Durchmesst den Platz in Schritten

Über zehn Millionen Besucher betreten jedes Jahr den Vatikan. Im Jahr 2000 wird sich diese Zahl wahrscheinlich verdreifachen. Jeder Besuch beginnt auf dem Petersplatz. Hier müßte er praktisch immer beginnen, auch wenn man ein anderes Programm haben sollte. Dieser Platz eignet sich besonders für Fernsehübertragungen. Der Besucher kennt ihn vom Fernsehen her; er hat den Eindruck, er sei schon einmal da gewesen.

Gestaltet (1656-1667) von Gian Lorenzo Bernini, einem Genie des italienischen Barock, der sein ganzes Leben lang für die Päpste arbeitete, ist der Petersplatz ein einzigartiges Schauspiel, das man genießen sollte, indem man es durchschreitet. Wenn man den Platz in seiner Länge durchmessen hat (von den Kolonnaden bis zur Basilika sind es 268 Meter), sollte man ihn ebenso in der Breite durchschreiten. Dabei wird man an die Stellen kommen, wo zwei Steinscheiben in der Pflasterung die beiden Brennpunkte der von den Kolonnaden umsäumten Ellipse markieren: Wenn man sich auf einen dieser Brennpunkte stellt und sich zur näher gelegenen Säulenreihe wendet, sieht man vor sich einen Halbkreis von 36 Säulen. In Wirklichkeit sind es 144 Säulen, und ebensoviele hat man im Rücken; aber während man jene, die man hinter sich hat, wenn man sich umdreht, wie einen Säulenwald vor dem Horizont alle sehen kann, sieht man jene vor sich aufgereiht in Vierergruppen. Über den Kolonnaden steht auf jeder Säulenreihe eine Statue. Hat man einige Elemente des von Bernini geschaffenen Schauspiels in sich aufgenommen, sollte man sich ihm ganz hingeben. Das kann man tun, indem man den mittleren Korridor der beiden Arme der Kolonnaden durchschreitet und von dort aus den Platz und die Stadt betrachtet.

Das wurde geschaffen zum Staunen, der Platz und der Petersdom überwältigen einen beim Anblick. „Sankt Peter ist eine Kirche der Repräsentation und des Triumphes", schreibt Silvio Negro. Natürlich mißfällt das demjenigen, der solchen Triumph nicht mag oder nicht versteht. Um ihn zumindest ein wenig zu verstehen, kann uns ein klassischer Text helfen, der dem Humanisten-Papst Nikolaus V. zugeschrieben wird:

Die sehr große, höchste Autorität der Römischen Kirche kann nur von denen verstanden werden, die aufgrund literarischer Studien um ihre Ursprünge und Entwicklungen wissen. Die Mehrheit der Bevölkerung aber ist unwissend und ohne jede Bildung. Wenngleich man wohl oft von Gelehrten und Gebildeten die Bestätigung hört, die Autorität der Kirche sei sehr groß, und dieser ihrer Feststellung Glauben schenkt, ja sie als wahr und unbestritten achtet, braucht sie dennoch grandiose Werke zur Anschauung, denn sonst, auf schwachen und instabilen Grundlagen ruhend, wie sie bestellt ist, würde sie im Laufe der Zeit verlorengehen. Mit der Grandiosität ihrer Bauwerke hingegen, mit Monumenten, die in gewisser Weise vollkommen sind, Zeugnisse, die fast Werk Gottes selbst sind, kann man die Überzeugung des Volkes stärken und erhalten. Sie beruht auf den Feststellungen der Gelehrten. So verbreitet sie sich unter den Lebenden und wird im Laufe der Zeiten an alle weitergegeben, die solch herrliche Bauwerke bewundern können (...) Aus diesen Gründen also, und nicht aus Machtstreben, Prunksucht, nichtigem Ruhm, Ehrsucht oder dem Wunsch, unserem Namen länger anhaltendes Gedenken zu sichern, verstanden wir diese großartigen Bauwerke: Sie sollen der Kirche Roms ein größeres Ansehen gewährleisten, damit der Apostolische Stuhl unter den christlichen Völkern höhere Achtung genießen kann.

Diese Worte soll Nikolaus V. im Jahre 1455 als Vermächtnis an die Kardinäle auf dem Totenbett gesprochen haben. Als letzter Wille des Papstes, der plante, Sankt Peter neu zu erbauen, sind sie fast mit Sicherheit nicht authentisch, doch sie sind ein echtes Zeugnis dessen, was man im päpstlichen Rom über die „Grandiosität der Bauwerke" und ihre sinnstiftende Aussagekraft dachte – und denkt.

Mit einem Text, der sich an der gleichen Idee wie der von Giannozzo Manetti beziehungsweise Nikolaus V. inspiriert – sogar mit fast gleichlautenden

Worten –, beginnt die Monographie „Die päpstlichen Audienzgemächer" von Pater Romeo Panciroli, Pressesprecher des Vatikan in den letzten Jahren des Pontifikats von Paul VI. und dann unter Johannes Paul II.; später wurde er Apostolischer Nuntius:

Als Lehre braucht das Christentum keine Paläste und Kuppeln. Das Evangelium aber ist von Jesus Christus den Menschen verkündet worden, und diese haben immer Sinnbilder gebraucht, um der Größe, Weite und Tiefe einer Idee Ausdruck zu verleihen (...) In einem erwachsenen und auf der ganzen Erde verbreiteten Christentum kommen der Kuppel von Sankt Peter und dem Apostolischen Palast die Bedeutung zu, den demütigen Gläubigen bis hin zu den Staatsoberhäuptern, die dorthin kommen können wie in das Haus des gemeinsamen Vaters, die Universalität der an Christus Glaubenden zu versinnbildlichen.

Die Abmessungen dieses Platzes beeindrucken jeden, noch überwältigender waren sie in früheren Zeiten. „Die ganze Bevölkerung Roms reicht nicht, um den Petersplatz zu füllen", schrieb Giacomo Leopardi 1822 in einem Brief an seine Schwester Paolina. Der Dichter übertrieb. Er war gerade erst in Rom angekommen aus seinem Heimatort Recanati, der seinerzeit nur wenig größer war als ein Dorf, das er nie verlassen hatte. Doch er übertrieb nicht übermäßig. Der Petersplatz faßt bequem 120.000 Menschen. Die Bevölkerungszahl Roms

dürfte zu Beginn des 19. Jahrhunderts sicher etwas größer gewesen sein, wenn Rom bei der Ernennung zur Hauptstadt Italiens im Jahre 1870 etwa 200.000 Einwohner zählte. Aber sicher hatte Rom über 120.000 Einwohner in der Mitte des 17. Jahrhunderts, als Bernini den Plan der Kolonnaden entwarf, der von Alexander VII. genehmigt wurde: Wahrscheinlich war unter den Vorstellungen, die den Auftraggeber und seinen Baumeister leiteten, auch die, daß der Platz, der nach dem Bild des Weltkreises entworfen wurde, die ganze Bevölkerung Roms fassen sollte.

Auf dem Platz findet sich kein Gedenkstein oder irgendeine Inschrift zur Erinnerung an das Attentat auf Johannes Paul II. am 13. Mai 1981: eine Entscheidung aus Diskretion, die jeder schätzen mag. Aber das Zeichen des Bluts bleibt mit dem Platz des Papstes verbunden. Wenn man ihn in der Menschenmenge umherfahren sieht, denken seither alle an die Gefahr, der er sich aussetzt. Auch der Papst selbst denkt wahrscheinlich daran. „Eminenz, ich versichere Ihnen, es gibt keinen gefährlicheren Ort als den Petersplatz", sagte er einmal zu Kardinal Decourtray, der ihm von alarmierenden Stimmen berichtete, die vor seinem Besuch in Lyon im Oktober 1986 in Frankreich umgingen.

Das Attentat hat Folgen für die Sicherheitsvorkehrungen gehabt: Wenn der Papst im Freien die Messe zelebriert oder im Sommer die Generalaudienz abhält, muß der ganze Platz längs der Kolonnaden

abgeschirmt werden; man hat nur Zugang durch eine beschränkte Zahl von Eingängen; der Inhalt der Taschen wird überprüft; der Jeep des Heiligen Vaters fährt schneller als früher; die Sicherheitskräfte sind nicht dem Papst zugewandt wie früher, sondern stehen mit dem Gesicht zur Menschenmenge; zum Glück haben diese Vorsichtsmaßnahmen den Zustrom der Pilger in keiner Weise gemindert. (Jacques Martin)

Eine Neuerung auf dem Petersplatz ist in der Weihnachtszeit der Weihnachtsschmuck mit einem Tannenbaum und einer Krippe, was Johannes Paul II. sich zum ersten Mal 1982 wünschte.

Offiziell wird die Krippe als „Weihnachtsdarstellung auf dem Petersplatz“ bezeichnet. Jedes Ding und jeder Akt im Vatikan bekommt einen offiziellen Namen, der fast nie mit der geläufigen Bezeichnung übereinstimmt. Mit der Aufstellung der Krippe ist die „Generaldirektion der technischen Dienste der Verwaltungsbehörde“ beauftragt. Die Hauptfiguren der „Darstellung“ sind jene Originalfiguren, die – eine offizielle Mitteilung über die Krippe aus dem Jahr 1997 – „vom hl. Vinzenz von Paul für die Krippe der Römer zur Verfügung gestellt wurden, die 1842 in der Kirche Sant'Andrea della Valle aufgestellt wurde“.

Das Kommuniquè der Pressestelle spricht nicht von einem „Weihnachtsbaum", sondern sagt, daß „zur Linken der Krippe eine majestätische, über 28 Meter hohe Tanne aufgestellt wurde, die aus den Wäldern von Zakopane in Polen kommt und per Bahn nach Rom transportiert worden ist", und daß sie mit 2000 Lichtern und einem Stern an der Spitze geschmückt wurde.

An Heiligabend um 18.30 Uhr, wenn es stockdunkel geworden ist, öffnet sich das Fenster des Arbeitszimmers des Papstes, das gleiche wie zum Angelusgebet an Sonntagen – das vorletzte im obersten Stock des Apostolischen Palastes. Johannes Paul zeigt sich einen Moment: Er hält eine kleine Flamme in der Hand und entzündet damit eine Kerze, die er dann auf dem Fenstersims brennen läßt. Mit einem Winken grüßt er die auf dem Platz versammelten Menschen: In dem Moment fällt das große Tuch herunter, das die Krippe umhüllte. Die Kerze auf der Fensterbank, das ist eine freundliche Geste polnischer Mütter vor Einbruch der Heiligen Nacht. Dabei erklären sie ihren Kindern, dieses Licht sei da, um Josef und Maria den Weg zu weisen, daß sie in diesem Haus einkehren können, wenn sie keinen Platz in der Herberge finden.

Da wir nun einen Blick auf das Fenster des Papstes geworfen haben, schauen wir vor Betreten des Petersdomes auf die mittlere Loggia dieser Basilika: Von ihr aus zeigen sich die Päpste zum Segen nach ihrer Wahl. Während der „Gefangenschaft“ aufgrund der „Römischen Frage“ traten sie auf die Loggia im Innenraum und segneten die in der Basilika versammelten Gläubigen. Den Segen zum Platz hin erteilte Pius XI. wieder am 6. Februar 1922. Von jener Loggia aus segnete Johannes Paul II. am 16. Oktober 1978 nicht nur, er sprach auch ein Grußwort, das in der modernen Zeit kein Papst getan hatte. Er war der erste nichtitalienische Papst nach viereinhalb Jahrhunderten und bat die Italiener fast um Entschuldigung, daß er ihre Sprache nicht so gut beherrsche: „Wenn ich Fehler mache, dann verbessert mich.“

In diesem Grußwort sagte der Papst auch: „Ich hatte Angst vor dieser Ernennung.“ Den Sinn dieser Worte haben wir wahrscheinlich erst nach dem Attentat verstanden. Das aber hinderte ihn nicht daran, weiter nach draußen in die Menge auf dem Platz zu gehen, nach der Weisung, die er selbst der Welt bei der Amtseinführung seines Pontifikats gegeben hatte: „Habt keine Angst: Öffnet, ja macht die Tore weit auf für Christus!“ (22. Oktober 1978).

Zu den Neuheiten, deren Tribüne die Loggia unter Johannes Paul war, gehört auch der Segen, den der Pontifex am 29. Juni 1995 gemeinsam mit dem Patriarchen von Konstantinopel spendete: Der eine sprach ihn lateinisch und der andere in griechischer Sprache, jedoch in einer Segensgeste! Vor dem Betreten der Basilika sei ein weiterer Akt der Versöhnung erwähnt, deren Zeuge dieser Eingang mit seinen Gittern am 26. Oktober 1967 wurde: Paul VI. ging in päpstlichen Gewändern hinaus auf den Platz, um den Patriarchen zu empfangen. Sie umarmten einander und betraten die Basilika, wobei sie einander die Hand hielten.

Die fünf Bronzetore der Basilika sind bereits eine Welt für sich, und zumindest drei verdienen es, in ihren Besonderheiten betrachtet zu werden: das mittlere Tor von Filarete (1439-1445) und die beiden modernen von Giacomo Manzu und Luciano Minguzzi. Das erste zur Linken nennt sich „Tor des Todes“, denn hier betritt der päpstliche Leichenzug den Dom. Geschaffen wurde es von Giacomo Manzù (1964). Es ist vielleicht das schönste Tor, jedenfalls das, an dem man heute den höchsten Kunstgenuß hat. Das zweite Portal ist das „Tor des Guten und des Bösen“ von Luciano Minguzzi (1977): das neueste, symbolreich und ausdrucks-

stark, wie schon der Türgriff in Form eines Sperbers, der eine Taube erbeutet, zeigt. Das dritte ist das Portal des Filarete (1445), alt und nobel, zu deuten wie ein mittelalterliches Poem. Das vierte Portal („Tor der Sakramente" von Venanzo Crocetti aus dem Jahr 1966) und das fünfte („Tor der großen Vergebung" von Vico Consorti aus dem Jahr 1949) sind aus moderner Zeit wie die ersten beiden, aber in ihrer Formensprache weniger neu.

Das Tor des Filarete wurde für die alte Peterskirche geschaffen. Dieser Bildhauer des florentinischen Humanismus fügte da, erfaßt von überbordendem Schaffenseifer, Szenen und Dekorationen ein, die mit dem Thema wenig zu tun haben, das ihm Papst Eugen IV. gestellt hatte: das Konzil von Florenz im Jahre 1439, auf dem für ganz kurze Zeit die Union der Kirche des Westens mit der Kirche des Ostens herbeigeführt wurde. Natürlich ist hier die Geschichte dieses Konzils bildlich dargestellt, aber daneben finden sich mit arabischen Buchstaben geschmückte Panele, nackte Männer- und Frauengestalten in den Rahmengirlanden, Äsop und den „Metamorphosen" des Ovid entnommene erotische und mythologische Szenen. Es ist der Geist der mittelalterlichen Enzyklopädie, der sich einem an diesem Portal aus der Übergangszeit von der alten zur neuen Peterskirche vermittelt. Mit dem enzyklopädischen Geist paarte sich die Wertschätzung der profanen Wirklichkeit und des Spielerischen in der menschlichen Existenz. Diese Wertschätzung ging mit der Gegenreformation verloren und kommt in der katholischen Theologie und an den Toren von Sankt Peter nur langsam und in noch unvollständiger Weise in neuerer Zeit wieder zum Tragen.

Auf der Rückseite des schönen Portals hat Filarete sich selbst und seine Mitarbeiter abgebildet, die sich nach getaner Arbeit eines Ausritts auf Pferden erfreuen. Mir zeigt sich in dieser Einfachheit eines Gläubigen, der auf seine Weise das Leben und denjenigen, der es ihm geschenkt hat, lobt, die gleiche menschliche Spontaneität, mit der Giacomo Manzú der Frau, welche die Kirche verkörpert, dargestellt am Rande der Gedenktafel des Zweiten Vatikanischen Konzils (auf der Rückseite des „Tor des Todes"), die Gesichtszüge seiner Frau Inge gegeben hat. Noch kühner war Minguzzi, der „Das Heer der Märtyrer" als Niedermetzelung von Partisanen im Widerstand gegen die Nazis darstellte (ein Bezug auf Mordtaten deutscher Besatzer in Casalecchio di Reno bei Bologna im Jahre 1943).

Diese Wahrnehmung des Profanen finden wir, wenn wir genau hinschauen, im ganzen Vatikan an vielen Stellen: das Lob der weiblichen Schönheit beispielsweise, das einen sogar durch die Statuen anspricht, welche die Grabmäler der Päpste zieren; und im allgemeineren die Schönheit des menschlichen Körpers, vom „Apollo des Belevedere" über den Raffael der Stanzen, über den Michelangelo der Sixtinischen Kapelle bis hin zu den geflügelten „Genien" des Canova auf dem Denkmal der Stuarts; darüber hinaus die Achtung vor all dem, was Wert und Bedeutung hat, selbst wenn es keinen Bezug zum christlichen Glauben hat, von den ägyptischen und griechischen, etruskischen und römischen Statuen bis hin zu den Büchern mit Miniaturen aus dem Mittelalter, von den Techniken der Kuppelwölbung zum Studium der Sterne, das Astronomen aus dem Jesuitenorden in der Sternwarte betrieben.

Auf diesen Reichtum, den sich die Päpste die Jahrhunderte hindurch von Hand zu Hand weiterreichten und bewahrten, selbst wenn sie ihn nicht verstanden oder mißbilligten, werden wir bei der Besichtigung der Museen und der Sixtinischen

Eines der Bronzetore der Basilika Sankt Peter.

Kapelle zu sprechen kommen. Aber ein Wort sei gleich vorweggenommen, während wir noch immer auf der Schwelle zur Petersbasilika stehen: In der westlichen Welt gibt es keinen Ort, der mit einer vergleichbaren historischen Kontinuität gewachsen ist wie diese Welt, in die wir uns nun hineinbegeben. Im Strom dieser materiellen und gedanklichen Kontinuität fließen vielschichtige und nicht immer für ihre Zeit von den Navigatoren gewollte Sinndeutungen ein. Die nackten Menschen des Filarete, Michelangelo und Canova verstehen wir heute besser als früher. Eines Tages werden sie vielleicht voll verstanden, in freier

NC PETRAM
VNITAS

Zustimmung zum Geist ihrer Schöpfer. Ich kann mir vorstellen, daß man irgendwann die Frauen auf den Grabmälern – die die göttliche Liebe verkörpern, oder die Gerechtigkeit, oder die Wahrheit, die per definitionem nackt sein muß – von den marmornen oder bronzenen Draperien befreit, mit denen sie in den Jahrhunderten umhüllt wurden. Das Lob des menschlichen Körpers würde dadurch in neuem Licht erstrahlen.

Jetzt sind wir in der Basilika. Die Grandiosität ist überwältigend, aber die Vielfalt verwirrt den Besucher, allerdings gegenwärtig weniger als in der Vergangenheit: Wer heute den Petersdom betritt, ist vorbereitet, soweit er ihn vom Fernsehen her bereits kennt. Diese Kirche eignet sich in hervorragender Weise für Fernsehaufnahmen.

Die Grandiosität der Basilika kann selbst einem vorbereiteten Besucher entgehen. „Sankt Peter schien mir nicht viel größer als Saint Paul in London“, schrieb James Joyce, nachdem er die Basilika im Sommer 1906 besucht hatte. Wahrscheinlich sah er im Fußboden den Messingstern, der anzeigt, bis

wohin Saint Paul reicht, und war davon nicht überzeugt. Die gleiche Skepsis bekunden Mailänder, wenn sie ihren Mailänder Dom nur an sechster Stelle (nach Saint Paul in London, den Kathedralen von Florenz und Reims, Brüssel und Washington) sehen, gleich mit dem Kölner Dom. Das „Primarium templum medionalense" (Kathedrale des Mailänder Primas) weist 139,94 Meter aus, von autorisierten Führern werden dem Mailänder Dom hingegen 158 Meter attestiert.

Nachdem man alle möglichen Überlegungen angestellt und sich mit den Meinungen der Experten vertraut gemacht hat, sollte man die Grandiosität der Basilika auf sich wirken lassen, ohne sich den Kopf zu zerbrechen. Abgesehen von den Motiven, wurde hier nämlich ein großartiges Werk in Szene gesetzt, und wo sich etwas Großes zeigt, sollte man es mit Recht genießen. Diese Empfehlung gibt uns jemand, der sich alle Fragen gestellt hatte, aber auf das Schauspiel nicht verzichtete: „Wir ergötzten uns als genießende Menschen an der Größe und Pracht, ohne durch allzu eklen und zu verständigen Geschmack uns diesmal irre machen zu lassen, und unterdrückten jedes schärfere Urteil." Es handelt sich um Johann Wolfgang Goethe, der am 22. November 1786 den Petersdom besuchte. Von einem so gebildeten Besucher könnten wir uns auch beim „Aufstieg in die Kuppel" führen lassen. Der Ausblick vom Dach der Basilika schien ihm wie „das Bild einer wohlgebauten Stadt im kleinen", mit „Häusern und Magazinen, Brunnen, (dem Ansehen nach) Kirchen und einem großen Tempel, alles in der Luft, und schöne Spaziergänge dazwischen". Der Tempel in der Luft ist natürlich die Kuppel. „Als wir auf dem Gesimse des Tambours standen, ging der Papst unten in der Tiefe vorbei, seine Nachmittagsandacht zu halten." Dieser Papst war Pius VI., der zwölf Jahre später Gefangener des Direktoriums der Französischen Revolution wurde. Jedem Besucher in Sankt Peter mag es vergönnt sein, etwas vom Hauch der großen Geschichte zu erfahren.

Rechts und links: Die Dachterrasse des Petersdomes mit Blick auf die sogenannten kleinen Kuppeln.

Aufstieg zur Kuppel und Besichtigung der Grotten

Der Aufstieg zur Kuppel bietet einen einzigartigen Ausblick über die Dächer und Bauwerke Roms. Das Ticket erwirbt man an einem Schalter an der rechten Seite der Basilika, zu dem man von der Vorhalle her kommt, wobei man am Reiterstandbild Konstantins von Bernini vorbeigeht. Hinter einer Absperrung reihen wir uns in die Schlange ein, denn es warten meist viele Leute. Der erste warnende Hinweis, in acht Sprachen, lautet: „Zum Besteigen der Kuppel sind es nach dem Lift 320 Stufen. Zur Beachtung für ältere Menschen, Gebrechliche und Herzpatienten.“ Der Aufzug fährt bis auf die Dachterrasse der Basilika. Wenn man ihn nicht benutzt, sind es insgesamt 520 Stufen.

Das Ticket für die Besteigung zu Fuß kostet 500 Lire, die Liftbenutzung 6000 Lire. Der Fahrstuhl befindet sich im Mittelraum der „Schnecke beim Grabmal Benedikts XIV. Lambertini“. Mit „Schnecke“ ist hier eine Wendeltreppe gemeint. Dieser elektrische Aufzug wurde vor gar nicht langer Zeit unter Johannes Paul II. installiert, worüber eine Gedenktafel am Ausgang zur Dachterrasse informiert. Bei diesem Aufstieg in die Kuppel werden wir viele Gedenktafeln lesen, wie auf allen anderen Rundgängen im Vatikan.

Am Ausgang zur Dachterrasse der Basilika ist die Aussicht so enorm, daß wir gar nicht wissen, wo wir zuerst hinschauen sollen. Uns fasziniert die bewegte Dachlandschaft, ständig unterbrochen von Oberlichtern, kleinen Kuppeln und Vertiefungen zwischen gigantischen Bauwerken. Uns bezaubert die Sixtinische Kapelle, auf mittlerer Höhe uns zur Seite.

Wir betreten den Tambour der Kuppel, wo ein Schild darauf hinweist, daß er im Einbahnverkehr zu begehen ist. Pfeile weisen ins Innere. Unseren Gesichtern ist das Erstaunen über die Weite des Raumes abzulesen. Ein Bediensteter von Sankt Peter macht uns darauf aufmerksam, daß die schwarzen Buchstaben auf goldenem Hintergrund der Inschrift „Tu es Petrus", die rings unter uns herum verläuft, zwei Meter hoch sind. Eine kurze kleine Wendeltreppe, von der aus sich herrliche Aussichten über die Stadt und auf den Monte Mario bieten, führt uns zur Basis der Kuppel, oder besser: der Kuppeln. Die Kuppel besteht nämlich aus zwei ineinander gesetzten Kuppelschalen. Zwischen den beiden Schalen sind die zur Laterne führenden Stiegen eingepaßt. Wir steigen halb gebeugt nach oben. Dann sind wir an den „mittleren Augen", das heißt an den ovalen Fenstern auf halbem Weg des Aufstiegs. Das letzte Stück gehen wir gebückt; es führt uns zum Umgang der Laterne, den wir im Schutz der äußeren Brüstung begehen. Wir machen den Rundgang von rechts nach links, an dem Punkt beginnend, wo wir im Rücken die Inschrift „großes Kirchenschiff" haben: Vor uns liegt das Dach der Basilika zum Petersplatz hin. Jetzt verstehen wir, was wir einmal lasen: Von hier oben betrachtet, hat

Unten: Blick auf die Sixtinische Kapelle von der Kuppel aus.

TRAM AEDIFICAB
LAVIT TIBI
SACERDOTII

CCLESIAM MEAM ET
VNITAS EXORIT
DICI

dieser Platz das Profil eines Schlüssels. Der Obelisk ist der Mittelpunkt, die Kolonnaden markieren den Rand des Griffs, und die beiden Arme des Straßenrings formen den Bart. Diese Symbolik deutet auf die Schlüsselgewalt des hl. Petrus hin.

Zur Linken der Kolonnaden sehen wir den Apostolischen Palast und können von hier ausmachen, wo sich der Dachgarten für die nachmittäglichen Spaziergänge des Papstes befindet. Ohne Fernglas jedoch sieht man nur die kleinen Arkaden, die das Ambiente überragen, sowie einige dichtbelaubte Räume zwischen den einzelnen Rundbögen.
Uns näher und fast unter uns ist das Ziegeldach der Sixtina, das jenes des Königssaals kreuzt, der ihr als Vorraum dient. Etwas weiter, mehr links sehen wir die zahlreichen Gebäude, welche die Höfe des Belvedere, der Bibliothek und der Pigna umschließen. Der Belvedere-Hof wurde einst „Atrium des Vergnügens" genannt, weil dort Theaterstücke aufgeführt und Turniere abgehalten wurden. Heute wird er als Parkplatz genutzt. Im Pigna-Hof leuchtet die „Sphäre" von Arnaldo Pomodoro wie ein Ufo in der Sonne und wirkt als Pendant der Technik zum „Pinienzapfen" aus Kupfer und Bronze, der aus dem vierseitigen Arkadengang der alten Peterskirche stammt.
Von hier oben hat man die beste Aussicht über die Vatikanischen Gärten. Man kann sich die Zeit damit

Der Belvedere-Hof

vertreiben, das „Casino von Pius IV.“, den „Brunnen des großen Adlers“, das „Haus des Gärtners“, den Turm von Radio Vatikan und den von San Giovanni sowie die verschiedenen Bauwerke zu identifizieren.

Auf der Hälfte des Rundgangs macht uns das Hinweisschild „Cathedra“, das wir im Rücken haben, darauf aufmerksam, daß wir unter uns die Cathedra des hl. Petrus haben. Hier wird einem bewußt, was das Abtragen des Vatikanischen Hügels bedeutete, das zur Zeit Konstantins erforderlich war, um an dieser Stelle die Basilika zu errichten. Der Hügel, der hinter dem Grab aufstieg, wo jetzt die Apsis ist, wurde abgetragen. Dabei wurden 40.000 Kubikmeter Erdmassen bewegt, mit denen die Senke aufgefüllt wurde, die zum Tiber hinabreichte, wo sich heute der Petersplatz befindet. Wir sehen den Hügel, der durch eine große Stützmauer längs der alten Durchschneidung befestigt ist und steil hinter der Apsis aufsteigt, die gleichsam darin eingelassen ist. Davor steht wie ein Koloß das riesige Verwaltungsgebäude. Man tut gut daran, es von hier oben aus zu betrachten, denn Pius XI. soll von hier oben aus den Platz ausgewählt haben, wo es errichtet werden sollte.

Zur Linken des Verwaltungsgebäudes sehen wir den Bahnhof, aber da stehen keine Eisenbahnwaggons. Ich weiß zwar, daß hin und wieder welche kommen,

Das Verwaltungsgebäude

um Waren zu entladen, aber ich habe dort noch nie Waggons gesehen. Zwischen dem Bahnhof und der kleinen Kirche Santo Stefano degli Abissini wird ein unterirdischer Parkplatz für 250 Autos angelegt. Er soll „der Umgebung ihre architektonische Würde wiedergeben", wie uns der Ingenieur Massimo Stoppa sagte, der Direktor der technischen Dienste im Verwaltungsgebäude. Der Belvedere-Hof wird also eines Tages nicht mehr als Parkplatz genutzt werden.

Wenn wir das Hinweisschild „S. Andrea" hinter uns haben, sehen wir vor uns das leuchtende Dach der Audienzhalle, zur Rechten das neue Santa Marta-Gebäude und zur Linken den Palast der Glaubenskongregation. Außerhalb des Staatsgebietes, weiter weg und oberhalb des „Propaganda Fide"-Gebäudes, ragt ein riesiger Kran heraus, der für die Anlage des Parkplatzes am Gianicolo-Hügel gebraucht wird: Er müßte etwa 100 Busse aufnehmen können, die für den Transport der Teilnehmer zu den Papstaudienzen notwendig sind. Im Hintergrund der Tiber.

Oben und rechts: Das neue Santa Marta-Gebäude.

Folgende Seiten: Das von Pirro Ligorio entworfene Casino von Pius IV. in den Vatikanischen Gärten.

Nach dem Rückweg von der Kuppel verweilen wir auf der Dachterrasse der Basilika, wo wir einen Souvenir-Kiosk finden und einen Briefkasten für die Briefe mit dem Stempel „Poste Vaticane" sowie ein Münz- und Kartentelefon (das allerdings nur die Telefonkarten des Vatikan annimmt), mit der Aufschrift „Vatikanisches Telefon". Für Gespräche nach Rom und für Ferngespräche muß man vor der gewünschten Rufnummer als Vorwahl die Zwei wählen.

Die Basilika hat keine Gemälde: Ihre Sprache ist die der Steine. Am Ende des 18. Jahrhunderts wurden Gobelins und Fresken durch Mosaikwerke ersetzt: Die Entscheidung wurde aus der Überlegung heraus getroffen, daß Mosaiken im Vergleich zu Gemälden dem Lauf der Zeiten besser standhal-

PONTIFEX MAXIMVS FRONTEM HANC

ten. Eine berühmte, seit dem Ende des 16. Jahrhunderts bestehende Mosaikwerkstatt kümmert sich um die Erhaltung der alten Bildwerke und fertigt auch neue an. Außerdem stellt sie Kopien von berühmten Mosaiken her, die der Papst Staatsgästen schenkt; sie führt Restaurierungen aus und fertigt Kopien für auswärtige Auftraggeber an. Sie soll über Mosaiksteinchen in 30.000 verschiedenen Farbtönen verfügen, verteilt auf 10.000 Schubladen mit je drei Fächern. Das Atelier kann man besichtigen; es befindet sich im Erdgeschoß des Santa-Marta-Hospizes.

Frauen gibt es im Vatikan nur wenige. Doch es gibt einen „fundamentalen", und dennoch wenig bekannten Ort in der kleinen Stadt, wo eine Frau die Verantwortung trägt: in den Ausgrabungsstätten unterm Petersdom. Diese Frau, Margherita Guarducci, hat einen entscheidenden Beitrag zur Identifizierung des ursprünglichen Petrusgrabes geleistet, indem sie die Gebeine untersuchte, die Inschriften entzifferte und der Welt diesen geheimnisvollen Ort bekannt machte.

Die Ausgrabungen unter dem Petersdom beschloß Pius XII. kurz nach seiner Wahl 1939; sie dauerten bis 1949. In seiner Rundfunkbotschaft zum Weih-

nachtsfest des Jahres 1950 machte der Pacelli-Papst die große Ankündigung: „Das Grab des Apostelfürsten ist wiederentdeckt worden."

In 16 Jahren weiterer Forschungsarbeit gelang Margherita Guarducci die Entzifferung einer griechischen Inschrift (die in die sogenannte Rote Mauer eingeritzt war, der das erste „Gedenken" an das Petrusgrab zugeschrieben wurde); sie lautet: „Petrus ist hier drinnen." Frau Guarducci spürte auch die Gebeine wieder auf, die dort gefunden worden waren. Die Ausgräber hatten die Knochen in kaum zu glaubender Weise achtlos übereinandergeschichtet, und sie wurden in einem Depot der Grotten aufbewahrt. Durch Laboruntersuchungen konnten diese Knochenreste einem Individuum männlichen Geschlechts zugeordnet werden, ziemlich großgewachsen und robust, im Alter von etwa 60 bis 70 Jahren. Am 26. Juni 1968 machte Paul VI. die zweite Ankündigung: „Auch die Reliquien des hl. Petrus sind identifiziert worden, und zwar in einer Weise, daß wir sie für authentisch halten können."

Das Grab des hl. Apostels Petrus liegt sechs Meter unter dem heutigen Altar der „Confessio". Diesem Wort ist besondere Aufmerksamkeit zu schenken: Confessio bedeutet soviel wie „Bekenntnis", das von dem abgelegt wurde, der seinen Glauben durch das Martyrium bezeugte. Ursprünglich ist der Ort des Bekenntnisses der des Martyriums und erst in weiterem Sinne der einer Grabstätte. Petrus wurde im nahen Circus des Nero getötet, wo man ihn mit dem Kopf nach unten kreuzigte. Er wurde hier beigesetzt, am Hang des Vatikanischen Hügels, wo sich eine Nekropole befand, daß heißt eine „Totenstadt", ein Friedhof.

Doch bei der Besichtigung der Grabungsstätten wird einem bewußt, daß der Ort, auf dem Kaiser Konstantin den Bau der ersten Basilika anregte, ausgesprochen ungeeignet für ein solches Bauwerk

Links: Der Brunnen der Anguillara.

Rechts: Detail am Brunnen der Galera.

Der Eingang zu den Vatikanischen Grotten.

war und daß es wohl einen triftigen Grund hatte geben müssen, es gerade an dieser Stelle zu errichten. Dieser Grund war in der Tat das Petrusgrab.

Wer die Ausgrabungsstätten besichtigen will, muß sich wenigstens eine Woche vorher anmelden und das Billett (10.000 Lire pro Person) beim Büro für Grabungsarbeiten kaufen, das sich auf der linken Seite der Basilika befindet, kurz hinter dem Arco delle Campane.

Die Ausgrabungen haben einen ansteigenden Pfad zutage gefördert, der etwa 60 Meter weit unter der Basilika verläuft, bis er ihn auf der Höhe der Confessio kreuzt. An den Seiten dieses Pfades finden sich Gräber, hauptsächlich aus dem 3. Jahrhundert. Auf diesem Pfad lag die „Trophäe" (das heißt das ruhmreiche Grab) des Petrus, von der Gaius am Ende des 3. Jahrhunderts spricht: „Ich kann dir die Trophäen der Apostel zeigen, denn wenn du zum Vatikan und auf die Via nach Ostia gehst, wirst du die Trophäen der Gründer dieser Kirche finden" (das heißt die Gräber des Petrus und des Paulus).

Gebet vor der Grabstätte des hl. Petrus.

Für die Entwicklung des christlichen Roms hat sich das Grab des Apostels Petrus als entscheidend erwiesen: Kaiser Konstantin hatte nach seiner Bekehrung San Giovanni im Lateran, am anderen Ende der Stadt, als Bischofssitz bestimmt. Aber 1000 Jaher später fand sich die Basilika San Giovanni, die immer Kathedrale war und auch heute noch ist, in einer unbewohnten Zone der Stadt, wenngleich sie im Innern der Aurelianischen Mauern lag; Sankt Peter hingegen, das außerhalb dieser Mauern liegt, ursprünglich in einer unbewohnten Gegend, findet sich gegenwärtig in einem dichtbesiedelten Viertel der Stadt. Nach ihrer Rückkehr aus Avignon im Jahre 1377 wählten die Päpste ihre Residenz im Vatikan. Die Wahl des neuen Sitzes wurde von der Entwicklung diktiert, welche die Stadt in der Zwischenzeit genommen hatte: Sie hatte sich ganz ins Innere der kaiserlichen Stadtmauern zurückgezogen, außer an einem Punkt, wo sie darüber hinausgegangen ist, nach Nordwesten hin, das heißt in Richtung Sankt Peter.

Museen und Galerien, Loggien und Kapellen

Der ganze Vatikan – wie übrigens ein Großteil Roms – ist gleichsam ein Palimpsest vergangener Epochen. Der reizvollste Ort sind die Vatikanischen Museen: Hier werden wir in einer weltweit einmaligen Museumsarchitektur durch Schätze von der Antike bis hin zur Moderne geführt, vom 6. Jahrhundert bis heute.

Der Eingang zu den Museen liegt am Viale Vaticano: Wer die Mauern umschreitet, findet ihn, vom Petersplatz kommend, 200 Meter hinter der Piazza del Risorgimento. Am Portal wird der Besucher von den Statuen Michelangelos und Raffaels empfangen: die beiden großen Künstler, die wir beim Rundgang durch die Museen antreffen. Man muß das in der Tat als einen Rundgang durch die Museen bezeichnen, denn es ist nicht ein Museum, sondern es sind ungefähr zehn, die durch ebenso viele museale Ambiente miteinander verbunden sind, mit einer Ausstellungsfläche von insgesamt 42.000 Quadratmetern, die dem Publikum zur Verfügung steht, und einem „Weg von Exponaten" von circa sieben Kilometern Länge! Die Museen haben komplizierte Bezeichnungen, in denen die Namen der Urheber-Päpste mit der Gattung der ausgestellten Sammlungen kombiniert sind.

Das Museum „Pio Clementino" hat beispielsweise seinen Namen von den Päpsten, die es gründeten (Clemens XIV., 1769-1774) und fertigstellten (Pius VI., 1775-1799). Es ist das wichtigste, was Statuen aus der Antike betrifft; auf dem Rundgang aber liegen weitere drei (Chiaramonti, Gregoriano Profano und Pio Cristiano), die antike Skulpturen zeigen. Das Museum „Pio Cristiano" hat seinen Namen von Pius IX., der es 1854 ins Leben rief, und weil es Sarkophage, Statuen und Inschriften aus dem frühchristlichen Rom zeigt. Das Museum „Gregoriano Profano" geht zurück auf Gregor XVI. (der es 1844 einweihte) und birgt Exponate aus dem heidnischen Rom. Das Museum „Chiaramonti" hat seinen Namen von Pius VII. Chiaramonti (1800-1823), der es von Antonio Canova anlegen ließ. Aber nun genug der Namen; abschließend ein vollständiges Verzeichnis der Museen: Museum Pio

Clementino; Museum Chiaramonti; Museum Gregoriano Profano; Museum Pio Cristiano; Museum Gregoriano Egizio; Museum Gregoriano Etrusco; Vatikanische Pinakothek; Sammlung Moderner Religiöser Kunst; Museum Missionario Etnologico; Museum der Karossen. Die ersten vier sind Museen mit Exponaten aus Stein. Das Museum Pio Clementino nimmt – zusammen mit dem Ägyptischen und Etruskischen Museum – die Räumlichkeiten des kleinen Palastes des Belvedere ein, der sich zur Linken am Eingang der Museen befindet. Das Museum Chiaramonti ist aufgeteilt auf die beiden Seiten des Pigna-Hofes und hat einen Verbindungsgang zum Museum Pio Clementino. Die Museen Gregoriano Profano und Pio Cristiano liegen hingegen zur Rechten des Eingangs zu den Museen, in einem modernen Gebäude, das aufgrund einer Entscheidung von Johannes XXIII. in den sechziger Jahren errichtet wurde. Er wollte, daß hierhin die beiden wichtigen Sammlungen verbracht wurden, die sich damals im Lateranpalast befanden. Zusammen mit ihnen findet sich im gleichen Gebäude das Museum Missionario Etnologico, das ebenfalls aus dem Lateran kam und das im Vergleich zu den anderen ganz anders geartet ist: Darin sind Kulturen und Religionen afrikanischer, asiatischer und amerikanischer Völker dokumentiert, mit denen die Mission im Laufe der Jahrhunderte in Berührung kam.

Von allen anderen unterscheidet sich auch das Museum der Karossen, das man mit einer Sonder-

genehmigung besichtigen kann. Es besteht aus einem unterirdischen Saal, der unter dem „quadratischen Garten“ vor der Vatikanischen Pinakothek ausgehoben wurde. Paul VI. hat es angeregt. Dort sind die alten Karossen der Päpste und Kardinäle ausgestellt: Landauer, Stadt- und Reisekutschen, die ersten Automobile, die von Päpsten benutzt wurden, bis hin zum Modell des Flugzeugs, mit dem Paul VI. zum ersten Mal am 4. Oktober 1965 den Atlantik überquerte, um vor den Vereinten Nationen zu sprechen.

Doch Achtung: Mit den zehn Museen, die wir aufgelistet haben, haben wir kaum die Hälfte des Rundgangs durch die Museen bewältigt. Dazu gehören auch Galerien, Loggien, Stanzen, Säle, Salons, Kapellen, welche die verschiedenen Museen beherbergen und miteinander verbinden, oder die als solche Museen sind: Wir brauchen nur die Stanzen des Raffael und die Sixtinische Kapelle zu erwähnen. Auch die Etappen eines solchen Rundgangs wollen wir im einzelnen aufzählen. Dabei halten wir uns an die zehn wichtigsten Übergänge und folgen dem Rundgang, der von den Wegweisern vorgegeben wird:

Galerie der Kandelaber; Galerie der Gobelins; Galerie der Geographischen Karten; Gemächer und Kapelle vom hl. Pius V.; Stanzen des Raffael; Loggien des Raffael; Kapelle von Nikolaus V.; Borgia-Gemächer; Sixtinische Kapelle; Vatikan-Bibliothek.

Eine eindrucksvolle Wendeltreppe führt den Besucher von der Straßenebene zum „Stockwerk der Bastionen“, wo man auf das „Atrium der vier Gittertore“ stößt. Das ist der alte Eingang zu den Museen, bevor in den dreißiger Jahren der gegenwärtige geöffnet wurde.

Der Vatikan bevorzugt den Stein vor allen anderen Materialien oder Ausdrucksformen: Die Museen mit Kunstwerken aus Stein gab es vor den anderen. Den jüngsten Teil der historischen Museen bildet die Pinakothek. Die Idee dazu kam von Papst Pius VII. nach dem Beutezug Napoleons, der eine riesige Menge aus Kirchen und Palästen entwendeter Statuen, Gemälde und Handschriften auf 500 Karren nach Paris hatte bringen lassen, wo er sie im Louvre ausstellen ließ (Abkommen von Tolentino, 1797). Nachdem der Wiener Kongreß die Rückgabe eines Großteils der Meisterwerke verfügt hatte, wollte der Papst, daß sie nicht wieder auf Kirchen und Paläste verstreut, sondern in einem eigenen Museum zusammengetragen würden.

Die Vatikanische Pinakothek ist in ihren Abmessungen nicht mit dem Pariser Louvre, dem Prado in Madrid, der Londoner National Gallery oder den

SARDOVVM MARE

Uffizien in Florenz vergleichbar. Der Qualität und den Namen nach allerdings kann sie sich mit allen anderen messen: Fra Angelico, Giovanni Bellini (Pietá), Caravaggio (Grablegung), Lukas Cranach der Ältere, Gentile da Fabriano, Giotto (Triptychon Stefaneschi), Leonardo (der hl. Hieronymus), Simone Martini, Melozzo von Forlí, Perugino, Pinturicchio, Nicolas Poussin, Raffael (der ganze Saal VIII), Pieter Paul Rubens, Anthonis van Dyck, Tizian Vecellio und Paolo Veronese. Da wir sie zusammen mit den Stanzen und den Loggien des Raffael besichtigen, mit den Borgia-Gemächern und der Sixtinischen Kapelle, mit der Kapelle Nikolaus' V. und der Sammlung Moderner Religiöser Kunst (die hauptsächlich aus Werken der Malerei besteht), können wir schließen, daß sie den umfassendsten und homogensten Überblick über die Malerei darstellt; vielleicht von der höchsten Qualität, die es auf der Welt gibt. Als persönliche Empfehlung weise ich hin auf das Triptychon von Giotto, das sich in der alten Peterskirche befand. Die Nostalgie der Basilika des Konstantin, der wir mehrmals auf diesem Rundgang Tribut gezollt haben, begleitet uns überall im Vatikan. Außergewöhnlich, was die Gestaltung des Museumsraums betrifft, ist der Saal IV mit den „Aposteln und musizierenden Engeln" von Melozzo von Forlì, abgelösten Fresken, die aus der römischen Basilika Santi Apostoli stammen. Sie sind in Augenhöhe des Betrachters an einer weißen Wand aufgehängt. Man hat den Eindruck, als werde man in den Himmel hineingenommen.

Die „Sammlung Moderner Religiöser Kunst" ist die jüngste Tochter der Vatikanischen Museen: Paul VI. hat die Anregung dazu gegeben. Die Bezeichnung will die Aufmerksamkeit auf das religiöse Kunstschaffen lenken, aber der Horizont ist viel weiter. Dort sind etwa 800 Gemälde und Skulpturen von 250 zeitgenössischen Künstlern ausgestellt. Es ist angebracht, ein paar Namen zu nennen, für all jene, die noch glauben, die Kunst im Vatikan sei bei Canova stehengeblieben: Francis Bacon, Umberto Boccioni, Georges Braque, Carlo Carrà (Pietà), Marc Chagall (Kreuzigung, Christus und der Maler, Rote Pietà), Salvador Dalí (Verkündigung), Giorgio De Chirico (Geburt Christi, Bekehrung des hl. Paulus), Emilio Greco, Pericle Fazzini, Oskar Kokoschka, Lucio Fontana, Paul Gauguin, Renato Guttuso, Giacomo Manzù (die 25 Stücke der wunderschönen „Kapelle des Friedens"), Marino Marini (Ritter), Henri Matisse (Ausstattungsstücke der Kapelle von Vence), Francesco Massina, Giorgio Morandi, Amedeo Modigliani, Henry Moore (Idea for Cruxifixion sculpture), Emil Nolde, Pablo Picasso, Auguste Rodin, Georges Rouault (vielleicht der größte christliche Maler unseres Jahrhunderts; ihm ist ein ganzer Saal mit 20 Radierungen aus seinem Werk „Miserere" gewidmet) und Mario Sironi. Darf ich Ihnen eine ganz persönliche Empfehlung geben? Jedesmal,

wenn ich hingehe, bin ich in den Bann gezogen von einer Bronzeskulptur Ernst Barlachs: „Die lesenden Mönche“ (1935); die beiden Mönche halten nur ein Buch in Händen, und in ihren Gesichtern spiegelt sich die gleiche Traurigkeit; vielleicht lesen sie gerade die Passion Christi und ahnen schon, daß der Krieg vor der Tür steht.

Wie schön ist der Weg, der uns vom Belvedere zum Palast der Päpste führte, durch die Galerien der Kandelaber, der Gobelins und Geographischen Karten, mit Blick auf die Höfe der Pigna und des Belvedere auf der einen Seite und den Gärten und der Apsis von Sankt Peter auf der anderen!

Die „Galerie der Geographischen Karten“ kann den Impuls zu einem Rundgang im Vatikan hinsichtlich geographischer Karten geben: Beginnend in dieser Galerie (die uns die Landstriche Italiens zeigt), müßten wir hinübergehen in die „Loggia der Kosmographie“, die auch „Dritte Loggia“ oder Loggia des Staatssekretariats genannt wird. Sie befindet sich im dritten Stockwerk des Apostolischen Palastes, und von dort aus blickt man auf den Damasus-Hof. Der Rundgang würde mit einer Besichtigung der Galerie Urbans VIII. in der Vatikanischen Bibliothek abschließen. In der „Loggia der Kosmographie“ finden wir an den Wänden im hellen Licht der Fenster Fresken von Ländern Europas, Asiens und Afrikas. Sie wurden zwischen 1560 und 1564 von Antonio Vanosino aus Varese nach schablonenartigen Vorzeichnungen von Ètienne Dupérac gemalt. In der damaligen Zeit waren sie ein Novum, wie auch das Interesse an der Welt neu war, das man schon damals in diesen Palästen pflegte, im Vorgriff auf den Kosmopolitismus der Aufklärung und die internationalen Verflechtungen unserer Zeit. Genial ist auch, daß das Staatssekretariat zwischen Mauern eingerichtet wurde, auf denen der ganze Planet abgebildet ist. In der Vatikanischen Bibliothek finden wir kartographische Darstellungen der Erdhalbkugeln, Globen der Erde und der Gestirne, planetarische und geozentrische Sphären, astronomische Geräte und Atlanten. Da stellt sich einem schon die Frage: Wie konnte es nur zum Konflikt mit Galilei kommen, wenn man sich in diesen Mauern mit solcher Hingabe den Naturgegebenheiten des Himmels und der Erde widmete?

Der Papst bei der Spendung der Taufe in der Sixtinischen Kapelle.

Jetzt sind wir in der Nähe der Sixtina, wo der Papstpalast Formen einer mittelalterlichen Burg annimmt und wo das Durchschreiten der Galerien und Gänge vielleicht sogar noch eindrucksvoller ist als die von bedeutenden Malern freskierten Wände. Da stehen wir nun in der Sixtinischen Kapelle, an dem Ort der Papstwahl.

Als Johannes Paul am 8. April 1994 zum ersten Mal nach der Restaurierung des „Jüngsten Gerichts“ in der Sixtina die Messe zelebrierte, berichtete er von seiner tiefen inneren Bewegung bei seiner Wahl: „An diesem Ort sagte der Kardinal-Primas von Polen zu mir: ‚Falls sie dich wählen sollten, bitte ich dich, die Wahl nicht abzulehnen.‘“

In der gleichen Predigt gedachte er der „Kühnheit“ Michelangelos in der Darstellung der „Herrlichkeit der Menschheit in Christus“ und zitierte das zweite Konzil von Nizäa, „das letzte der ungeteilten Kirche“, das diese Kühnheit autorisiert hatte, indem es „die Position der Bilderstürmer zurückwies“. Der Papst definierte das als „christliche Neuheit“: Das Judentum „schloß jede Darstellung des unsichtbaren Schöpfers aus“, und „einer ähnlichen Tradition fühlen sich die Anhänger der islamischen Religion verbunden“.

„Diese Kapelle ist das Sanktuarium der Theologie des menschlichen Leibes“, sagte der Papst an jenem Tag. Und ferner: „Man bekommt den Eindruck, Michelangelo habe sich von den eindrucksvollen Worten des Buches Genesis leiten lassen, die im Blick auf die Schöpfung des Menschen diesen als Mann und Frau offenbaren: Sie waren nackt, aber empfanden deswegen keine Scham.“

Rundgang durch die Gärten und um die Aussenmauern

Der Besuch der Vatikanischen Gärten hat einen besonderen Reiz, wenngleich sie nicht die außergewöhnliche Schönheit haben, die man ihnen bisweilen nachsagt. Es ist doch amüsant, die unscheinbareren Aspekte der großen Dinge ins Auge zu fassen. Für den Besuch in Begleitung eines zweisprachigen Führers muß man sich vorher anmelden und das Billett (18.000 Lire) im voraus beim „Informationsbüro für Pilger und Touristen" erstehen. Es findet sich am Petersplatz, am „Flügel Karls des Großen", der die Fassade der Basilika mit den Kolonnaden auf der linken Seite verbindet. Man fährt mit dem Bus bis zum oberen Teil der Gärten. Schließlich wandert man zwischen Pinien und Steineichen, Olivenbäumen und Magnoliensträuchern, Gartenanlagen im italienischen Stil und bewaldeten Zonen, Gemüsebeeten und Brunnen, Resten der antiken Leoninischen Mauern mit zwei Türmen, einem Seminar und einem Frauenkloster.

Das Seminar ist das Äthiopische Kolleg, das sich einst „Hospiz vom hl. Stephan dem Abessinier" nannte. Ein Teil des Gebäudes wird von Ordensschwestern bewohnt, die in der Telefonzentrale des Vatikans arbeiten. Die Anregung zu dem Frauenkloster „Mater Ecclesiae" (Mutter der Kirche) gab Johannes Paul. Er wünschte sich im Vatikan eine Gemeinschaft, die sich zur Unterstützung seines apostolischen Amtes ganz der Anbetung und Kontemplation widmet.

Das Äthiopische Kolleg und das Kloster befinden sich auf halber Höhe des Hügels der Gärten, das erstere auf der linken und das andere auf der rechten Seite. Der Bus der Führung fährt hoch bis zum Turm von San Giovanni, der sich im obersten Teil der Gärten befindet. Johannes XXIII. mochte diesen Turm sehr. Er ließ ihn restaurieren und bewohnte ihn für kurze Zeit. Im Jahre 1979 logierte hier für ein paar Wochen Johannes Paul II. während der Renovierung seiner Privatgemächer im Apostolischen Palast. Im übrigen steht der Turm als Residenz für Ehrengäste zur Verfügung: zum Beispiel für die Patriarchen von Konstantinopel, Athenagoras (1967), Demetrius (1987) und vor ein paar Jahren Bartholomäus (1995).

Wenn die Besucher den Turm besichtigt haben, werden sie zum Hubschrauberlandeplatz geführt: Er befindet sich an der entferntesten Stelle der Vatikanischen Gärten, im Innern der letzten Bastion. Auch in der päpstlichen Residenz in Castel Gandolfo gibt es eine solche Landestelle. Der Papst benutzt ihn, sowohl wenn er sich für Reisen außerhalb Italiens zum Flughafen Fiumicino begeben muß als auch für den Weg nach Ciampino für seine Reisen in Italien wie auch für die Aufenthalte in Castel Gandolfo. Paul VI. ließ ihn im Jahre 1976 anlegen; auf einer lateinischen Gedenktafel wird er als „Helicopterorum portus“ bezeichnet.

Solange die Päpste den Vatikan verlassen konnten, lag ihnen nicht viel an den Vatikanischen Gärten. Besonderer Beliebtheit erfreuten sie sich unter Leo XIII., aber das war unter Paul VI. zu Ende, der erste Papst, der sich nach einer langen Gefangenschaft wirklich in die weite Welt aufmachte. Leo XIII. ließ die Wege anlegen, um in der Kutsche auf den kleinen Hügel zu fahren. Dorthin begab er sich jeden Tag zur Stunde des Sonnenuntergangs, wenn im Thronsaal ein malerisches Geleit ihn ankündigte: zwei Schweizer Gardisten mit Hellebarden, zwei Nobelgardisten mit gezückten Säbeln, dann der von vier rotgekleideten Tragsesselträgern getragene Thron, dahinter der Kommandant der Nobelgarde und der private Kammerdiener, und dahinter wiederum zwei Nobelgardisten und zwei von der Schweizer Garde (Silvio Negro). Leo XIII. ließ in den Gärten auch einen Weinberg anlegen.

Nach Beendigung des Rundgangs durch die Gärten begleitet der Führer die Besucher wieder zum Arco delle Campane und weist am Boden auf dem „Platz der ersten Märtyrer“ auf eine Gedenktafel, deren Inschrift lautet: „Standort des vatikanischen Obelisken bis zum Jahre 1586“; sie gibt Zeugnis von der eleganten Prosa vatikanischer Inschriftenverfasser, der Erben des Baronius und des Tacitus.

Während wir uns zum Ausgang begeben, sehen wir zur Rechten die Audienzhalle, die vom Architekten Pierluigi Nervi errichtet und von Paul VI. am 30. Juni 1971 eingeweiht wurde. Die Audienzen der Päpste sind im Laufe des Jahrhunderts größer geworden, begünstigt durch die größere Mobilität der Menschen einerseits und das zunehmende Ansehen der Päpste andererseits. Pius XI. begann damit, während jeder Begegnung eine Ansprache zu halten; doch es gab keinen festen Ort und keine festgelegte Zeit. Die verschiedenen Säle des Apostolischen Palastes wurden je nach Besucherzahl genutzt, und der Papst sprach aus dem Stegreif. Unter Pius XII., der schriftlich vorbereitete Ansprachen hielt, genügten diese Säle nicht mehr, und man mußte auf die Aula der Segnungen zurückgreifen. Johannes XXIII. legte die Generalaudienz auf den Mittwoch fest und hielt sie in Sankt Peter ab. Paul VI. wollte die Audienzhalle, „um die Petersbasilika vom üblich gewordenen starken Zulauf zu befreien, von der vielschichtigen lebhaften Menge, die an unseren Generalaudienzen teilnimmt“, wie er am Tage der Einweihung sagte. Für die Generalaudienz wurde der Mittwoch gewählt, so daß es in zeitlichem Abstand zueinander zwei wöchentliche Termine für die Begegnung mit den Pilgern gab, um eine größtmögliche Zahl zu erreichen: sonntags um 12 Uhr zum Gruß am Fenster und die Generalaudienz in der Wochenmitte.

Da wir jetzt außerhalb der Vatikanstadt sind, können wir einen Rundgang um die vatikanischen Außenmauern machen: ein dreiviertelstündiger Spaziergang. Wir starten vom Petersplatz aus und gehen in Uhrzeigerrichtung um die Mauern herum. Wir gehen unter den Kolonnaden durch, vor den Eingang des „Flügels Karls des Großen“, der fast immer verschlossen ist, wenn er nicht Ausstellungen beherbergt, und sogleich stoßen wir auf einen Gitterzaun, das „Petrus-Gitter“. Im Vatikan hat alles einen Namen. Das „Petrus-Gitter“ ist der jüngste Eingang zum Vatikan und der, den die meisten Menschen benutzen. Dieser Eingang wurde 1971 angelegt und schließt den Zugangsplatz zur

Der Hubschrauber des Papstes bei der Landung im Park von Castel Gandolfo.

Audienzhalle. Er verbindet den Palast der Glaubenskongregation mit dem „Flügel Karls des Großen“ und nennt sich Petrus-Gitter, weil in dieser Zone das „Petrus-Museum“ lag.

Achten wir auf die Schweizer Garde: Jetzt in der Mittagszeit ist sie in ihre Uniform mit tiefblauen und dunkelroten Streifen gekleidet, aber um sechs Uhr morgens, wenn einer der fünf Durchgänge durch das Gitter geöffnet wird, zieht die Garde die Kasernenuniform aus blauem Tuch an, in der sie auch wieder eine Stunde vor der Schließung zu sehen ist, die für 20 Uhr vorgesehen ist.

Der Palast der Glaubenskongregation ist von außen betrachtet nicht auffallend. Hier wurde verurteilt, wer der Häresie, des Schismas, der Magie, des Sortilegiums, der Wahrsagerei oder des Mißbrauchs der Sakramente angeklagt wurde.

Wenn wir die Fassade des Heiligen Offiziums passiert haben, finden wir am Haus mit der Nummer 9a

an der Piazza del Sant' Uffizio ein Schild, auf dem steht: „Haus Gabe Mariens. Missionarinnen der Nächstenliebe". Es ist die jüngste der vatikanischen Institutionen, wenn man es so bezeichnen darf. Neben der Sprechanlage steht „Haus der Gastfreundschaft für die Ärmsten". Es wurde 1988 eingeweiht. Johannes Paul II. ließ es auf Anregung von Mutter Teresa (deren „Missionarinnen der Nächstenliebe" es anvertraut ist) einrichten, um ein Zeichen einer Antwort „auf ein schwerwiegendes Problem wie das der Obdachlosen in Rom" zu setzen. Dank dieser „kleinen großen Frau", wie sie der Papst einmal nannte, hat der Vatikan jetzt eine Klingel, an der die Stadtstreicher läuten können: Sie finden Schlafsäle, die 70 Personen aufnehmen können, eine medizinische Ambulanz und einen Speisesaal mit 100 Plätzen.

Wir biegen ab in die Via di Porta Cavalleggeri, die so genannt wird, weil sich hier, vor dem Umzug in

Unten: Ein Fragment der Berliner Mauer, das in den Vatikanischen Gärten aufgestellt wurde.

Rechts: In den Vatikanischen Gärten wird noch Gemüse und Obst für den Eigenbedarf geerntet.

den Quirinal im 18. Jahrhundert, die Unterkünfte der „leichtbewaffneten Kavallerie“ befanden, die eine Art Leibwache des Pontifex bildete.

Der niedrigen unscheinbaren Mauer, an der wir vorbeigehen, sollten wir gebührende Beachtung schenken: Vor uns haben wir einen der wenigen übriggebliebenen Trakte der ursprünglichen „Leoninischen Mauern“. Dann wird die Mauer wieder hoch, bewehrt mit steinernen Zinnen und aus jüngerer Zeit. Hier, wo sie niedrig und antik ist, erinnert sie uns an die harten Zeiten von Papst Leo IV. und seinem Vorgänger Sergius II., als im Jahre 846 eine Sarazenenhorde, die in Ostia an Land gegangen war, über Rom herfiel, es allerdings von Mauern umgeben fand und nur das plünderte, was außerhalb dieser Mauern lag: die Basiliken vom hl. Paulus und Sankt Peter.

Die Mauern, die wir von jetzt ab sehen, wurden in der Zeit der Renaissance (zwischen 1431 und 1562) errichtet und im Laufe der Jahrhunderte ständig restauriert. Sie sind eine reife Frucht der Festungsbaukunst im Übergang von der Zeit der blanken Waffen zur Epoche der Feuerwaffen. Große Baumeister der damaligen Zeit legten da Hand an, wobei sie ständig miteinander stritten; gerade dort, in der Stadt der Päpste, gaben sie die größten Beweise ihres Könnens: Bernardo Rossellino, Antonio da Sangallo der Jüngere und Michelangelo Buonarroti. Diese Mauern sind wirklich ein großartiges Schauspiel, sie sind verschiedenartig, bewegt im Auf und Ab des Hügels. Ein Schauspiel, das zu Unrecht von den meisten Besuchern übersehen wird. Meist bleibt es dabei, daß die Touristen sich mit dem Mauertrakt zufrieden geben, den sie sehen, wenn sie vom Petersplatz aus den Eingang der Museen ansteuern; leider ist das der weniger interessante Teil, da dort dem tiefer gelegenen Mauertrakt das Schauspiel der bewegten Mauern auf dem Hügelrücken fehlt.

Nun sind wir in der Via della Stazione Vaticana, die so genannt wird, weil sie zu dem Viadukt führt, über das die Züge vom auf italienischem Territorium liegenden Bahnhof Sankt Peter zum vatikanischen Bahnhof fahren, wobei sie den Mauergürtel passieren. Hier ist die Zone der Einfahrtstore: Auf der Hälfte der Straße finden wir das Tor der Via del Perugino (die Zufahrt für Lastkraftwagen und Lieferwagen) und am Ende der Straße die Einfahrt für die Züge. Nur ganz wenige fahren da hinein, lediglich die Güterwaggons; sie geben ein Pfeifsignal,

Links und oben: Die Schweizer Garde am Tag des Rekrutengelöbnisses.

bevor sie durch das Tor mit dem Wappen Pius' XI. fahren.

Zwischen dem Bahnhof Sankt Peter und dem vatikanischen Bahnhof liegt die Valle del Gelsomino, welche die Eisenbahn über einem Mauerviadukt überquert. Zwei Rampen von Zwillingstreppen, auf denen meist niemand zu sehen ist, führen uns von der Vatikanmauer zur Via Aurelia hinab; dann führen sie uns wieder in die Höhe, nachdem wir das Eisenbahnviadukt gekreuzt haben. Die Treppe, auf der wir herabsteigen, heißt „Rampa Aurelia", und die, auf der wir wieder hinaufsteigen, „Rampa del Viale Vaticano".

Jetzt sind wir auf dem Viale Vaticano, der uns den Großteil des Weges begleiten wird. Hier ist es hügelig, und das ist der spektakulärere Teil der Architektur der Mauern und Festungswerke, bis wir wieder in die Stadt, ins Prati-Viertel hinabgestiegen sind. Die Straße steigt nun allmählich an, mit einem herrlichen Blick auf die Mauer, über die Pinien hinausragen. Zwischen den Pinien erhebt sich eine Richtantenne von Radio Vatikan. Jetzt befinden wir uns auf dem höchsten Punkt. Wenn wir uns nun umschauen, sehen wir die Kuppel jenseits der Mauer, als ob sie auf unserer Höhe wäre. Auf der Höhe des Turms von San Giovanni ragen junge Olivenbäume hervor. Kurz vorher sind wir am oberen Bollwerk, das vom Petersplatz am weitesten entfernt ist. Dort wurde der Hubschrauberlandeplatz angelegt. Kleine rote Warnleuchten auf Metallmasten säumen die Mauer, um sie den Piloten kenntlich zu machen, falls sie im Nebel oder in der Dämmerung landen müssen.

Wir gehen um den Mauersporn mit seiner eindrucksvollen Spitze herum und beginnen den Abstieg zum Eingang der Museen. Die Mauer springt vor und tritt dann wieder zurück, so daß sich ständig neue Perspektiven bieten an den Kanonenmündungen, die sie einst bei jeder Bastion schmückten. Dem Spaziergänger bietet sich eine wunderschöne Aussicht. Auf der Hälfte des Abstiegs sehen wir oberhalb der Mauer einen kleinen Hügel mit Pinien

und gleich dahinter eine Palmengruppe oberhalb der Bastion.

Wo der Viale Vaticano am Ende des Abstiegs in die Via Leone IV (der Papst der Leoninischen Mauern) mündet, endet die Mauer in einem wunderschönen Mauerbollwerk. Es ist das am stärksten befestigte des ganzen Mauergürtels und wird „Bastion des Belvedere“ genannt. Gebaut wurde es von Antonio da Sangallo und Michelangelo; letzterem wird es gewöhnlich zugeschrieben; deshalb wird die Via Leone IV kurz danach zum Viale dei Bastioni di Michelangelo.

Wenn wir in die Via di Porta Angelica abgebogen sind, endet die hehre Mauer nach kaum 30 Metern. Danach haben wir nur noch eine kleine rote Mauer, auf der oben ein Zaun die „Staatsgrenze“ markiert. Jenseits des Zauns sehen wir das Elektrizitätswerk und die Kaserne der Gendarmen. 100 Meter weiter beginnt die große Mauer wieder und begleitet uns bis zur Porta Sant'Anna. Jetzt sind wir an der Stelle, wo von der vatikanischen Mauer der wehrhafte Gang ins Stadtviertel abzweigt: Diese Mauer von circa 800 Metern Länge, die den Vatikan mit der Engelsburg verbindet, gab es bereits in der ersten Befestigung der Leoninischen Stadt. Das ist allerdings nicht die, welche wir heute sehen, weil sie mehrmals neu aufgebaut wurde. Sie hatte – und hat – ganz oben einen Korridor, durch den die Päpste im Falle einer Belagerung in die Engelsburg flüchten konnten, ohne ins Freie gehen zu müssen. Der letzte Papst, dem dieser Durchgang das Leben rettete, war der Medici-Papst Klemens VII.: Im Morgengrauen des 6. Mai 1527, als die Landsknechte über Rom und den Vatikan herfielen und 147 Schweizer Gardisten bei der Verteidigung der Basilika massakriert wurden, begab sich der Pontifex eilenden Schritts in den Korridor und durchlief ihn ganz. Ihn begleitete der Hofgeschichtsschreiber Paolo Giovio, der darüber berichtete. Offenbar sind 3000 Personen Klemens

Eine der Katzen, die sich in den Vatikanischen Gärten wohlfühlen.

in das Refugium gefolgt, darunter Kardinäle, Schreiber, Frauen und Kinder.

Am Ende unseres Spaziergangs können wir jetzt noch einmal die Zugänge aufzählen, auf die wir während unseres Rundgangs gestoßen sind: der Arco delle Campane, das Einfahrtstor in der Via del Perugino, der Eingang zu den Vatikanischen Museen, die Porta Sant'Anna, das Große Bronzetor. Und beim Aufzählen wird uns ein Prinzip bewußt: Jeder dieser Eingänge hat einen anderen Namen: Bogen, Gitter, Tor, Großes Tor, Durchgang, Eingang. Auch das ist eine Regel in der Stadt des Papstes: Dort hat nur einer das Sagen, doch jeder behauptet seinen eigenen Namen.

Die Eisenbahngleise, die ins Innere der Vatikanstadt führen.

Folgende Seiten: Der Papst mit Mutter Teresa von Kalkutta.

Kardinäle und Bischöfe im Vatikan

TV SCIS QVIA DILIGO

Nach dem Papst haben im Vatikan bekanntlich die Kardinäle das Sagen, aber keiner von ihnen und nicht einmal der hochrangigste, der Staatssekretär, und auch nicht der Primus der Ehre nach, der „Dekan des Heiligen Kollegiums", erteilt Weisungen. Ebenso nicht der Kardinal-Camerlengo, der lediglich während einer Sedisvakanz, also in der Zeit zwischen dem Tod eines Papstes und der Wahl seines Nachfolgers, Weisungsbefugnisse hat. Tatsächlich hat das Sagen die Gemeinschaft der Kardinäle. Für ihre Zusammenkünfte, in denen sie gemeinsam Beschlüsse fassen, gibt es zahlreiche verschiedene Bezeichnungen: Versammlung, Komitee, Kommission, Konsistorium und Kongregation, vor allem die letztere. Weiß einer um die Bedeutung des Wortes „Kongregation", so hat er einen trefflichen Schlüssel, um sich in der Welt des Vatikans zurechtzufinden.

Im Vatikan haben die Dinge alte Namen, selbst wenn sie modern sind: Das ist etwa der Fall beim Supermarkt, der „Annona" genannt wird. In anderen Fällen kommen sowohl die Bezeichnung wie auch die Sache aus der Geschichte. Das gilt für das Wort „Kongregation". Dabei handelt es sich um ein Wort aus der Antike: Es entstammt dem lateinischen „congregatio", das ursprünglich so viel bedeutete wie „geselliges Beisammensein". Die „Kongregation der Kardinäle" ist also die Versammlung der Kardinäle. Und Generalkongrega-

tion bedeutet dementsprechend Vollversammlung; aber in Ausweitung des Begriffs steht Kongregation im Vatikan auch für Ministerium, beispielsweise die Kongregation für die Glaubenslehre (das ehemalige Heilige Offizium).

Die Ausweitung beruht darauf, daß am Beginn der päpstlichen Ministerien – fast immer – eine Kommission von Kardinälen stand, also eine „Kongregation", die vielleicht vorläufigen Charakter hatte, dann jedoch zu einer dauerhaften Einrichtung wurde. Die erste „ständige Kongregation" war die der „Heiligen römischen und universalen Inquisition oder Heiliges Offizium", eingerichtet von Paul III. im Jahre 1542. Als Kongregation bezeichnet man auch eine Ordensfamilie (beispielsweise die Salesianer), einen Verbund mehrerer Abteien (Benediktiner-Kongregation), eine Zusammenkunft von Mönchen oder Ordensbrüdern, eine Konzilssitzung oder eine Sitzung des Kardinalskollegiums oder der Bischofssynode, ferner eine Laienvereinigung oder eine Versammlung von Gläubigen.

Des weiteren kann es vorkommen, daß ein Name bleibt, aber die Sache sich ändert; oder es bleibt die Sache, aber sie wechselt den Namen. So wurden die Versammlungen der Kardinäle zu dauerhaften Einrichtungen, nannten sich aber weiterhin Kongregationen. In jüngerer Zeit sind die vorläufigen oder periodischen Zusammenkünfte wieder eingeführt worden, aber sie nennen sich nicht mehr Kongregationen, sondern Versammlungen: Von ihnen wollen wir ausgehen, um einen Blick auf die Regierungsarbeit der Kardinäle zu werfen.

„Am gestrigen Nachmittag führte der Heilige Vater im Saal der Kongregationen des Apostolischen Palastes den Vorsitz in der Versammlung Ihrer Eminenzen, der Herren Kardinäle, die für die Dikasterien der römischen Kurie verantwortlich sind." So wird im Bulletin der vatikanischen Pressestelle die Nachricht über die regelmäßige Zusammenkunft der Verantwortlichen der Dikasterien veröffentlicht, die formal dem Ministerrat eines modernen Staates entspricht. Der Staatssekretär leitet die Arbeiten, selbst in Anwe-

Kardinal Joseph Ratzinger

Der Papst mit Kardinal Jan Pieter Schotte im Synodensaal.

senheit des Papstes: Er zieht eine Bilanz der Situation und spricht dabei die wichtigsten Ereignisse an, mit denen die Kurie in den nächsten Monaten befaßt ist. Dann erteilt er das Wort den einzelnen Verantwortlichen der Dikasterien, die jeweils über die in ihrer Zuständigkeit liegenden Aktivitäten berichten. Das dient der Koordinierung und Beratung. Von Teilnehmern ist allerdings zu hören, es gäbe keine richtigen Debatten und es würden keine gemeinsamen Beschlüsse gefaßt. Was das Regieren betrifft, ist der Vatikan noch immer eine absolute Monarchie.

Wer nimmt an den Versammlungen der Verantwortlichen der Diskasterien teil? Es sind ungefähr 30 Personen, denn genau 28 Dikasterien und ihre Repräsentanten gehören zur Kurie, die sich zumindest formell so zusammensetzt:
- das Staatssekretariat;
- neun Kongregationen (Glaubenslehre, Ostkirchen, Liturgie und Sakramente, Heiligsprechungen, Bischöfe, Evangelisierung der Völker, Klerus, Ordensleben, katholische Erziehung);
- zwölf Räte (Laien, Einheit der Christen, Familien, Justitia et Pax, Cor unum, Auswanderer und Flüchtlinge, Mitarbeiter im Gesundheitswesen, Rechtsangelegenheiten, interreligiöser Dialog, Dialog mit Nichtglaubenden, Kultur, Soziale Kommunikationsmittel);
- drei Ämter (Apostolische Kammer, Apsa, Präfektur für wirtschaftliche Angelegenheiten).

Über die Beziehung zwischen dem Papst und dem Kardinalstaatssekretär, der ihm wie ein Schatten folgt, scherzte einmal Johannes Paul bei seinem Besuch in Castel San Giovanni (Piacenza), am 5. Juni 1988. In der Heimat Kardinal Casarolis sagte Johannes Paul in seiner Ansprache an dessen Mitbürger: „Der Papst scheint zu arbeiten, sehr viel hingegen arbeitet sein Staatssekretär!“

Die Bischofssynode für Asien.

Die Wohnung des Kardinalstaatssekretärs befindet sich im ersten Stockwerk des Apostolischen Palastes: Sie ist dort, seit er am Beginn des 20. Jahrhunderts den dritten Stock räumen mußte, um Platz für die Privatgemächer des Papstes zu machen.

Der Borgia-Papst Alexander VI. richtete seine Gemächer im ersten Stock jenes Palastes ein, der – nach seinem Gründer – Palast Nikolaus' V. genannt wurde und sich zur Linken des Damasus-Hofes befindet. Sein Nachfolger Julius II. verließ diese Gemächer und wohnte ein Stockwerk höher, in dem der Loggien und Stanzen des Raffael, „weil er – wie er mir sagte – nicht zu jeder Stunde die Gestalt seines Vorgängers vor Augen haben wollte", wie sein Zeremoniar Paris de Grassis berichtete. Damit ist das Gemälde von Pinturicchio im Saal der Mysterien gemeint, dieses breite, vitale, naturgetreue Gesicht, das sich uns einprägt, aber sicherlich einen nachhaltigeren Eindruck machte auf den, der ihn gekannt und als Gegner im Konklave gehabt hatte.

Es waren dann andere Päpste, die zur Mitte und zur Rechten des Damasus-Hofes umzogen, wobei sie immer im zweiten Stockwerk blieben. Unter Leo XIII. – der erste Papst, dem nicht mehr die Zweitresidenz im Quirinal zur Verfügung stand – sind wir mittlerweile jenseits des Damasus-Hofes, am vierten und fünften Fenster der äußersten Frontseite des Palastes, wo der Vorraum der Audienzgemächer war. Anfang unseres Jahrhunderts beschloß Pius X., ins dritte Stockwerk umzuziehen, in die Räume, die den letzten Fenstern auf der rechten Seite der zum Petersplatz hingewandten Fassade sowie den Fenstern der Fassade in Richtung Engelsburg entsprechen. Man könnte sagen, es sei das Bedürfnis gewesen, das Privatleben zu verteidigen, das die Päpste unserer Zeit drängte, in diesen Winkel ganz nach oben zu ziehen.

Die Kardinäle werden als „Eminenzen“ tituliert. Vielleicht wird dieser Titel eines Tages abgeschafft, wie auch „Exzellenz“, womit Bischöfe angeredet werden, und der großzügig vergebene Titel „Monsignore“. Johannes Paul spricht in dem Interview-Band „Die Schwelle der Hoffnung überschreiten“ von dem Unbehagen, das diese Titel hervorrufen, einschließlich der des Heiligen Vaters, „Eure Heiligkeit“ und Statthalter Christi, die (so bemerkte er) „dem Evangelium sogar zu widersprechen scheinen“, worin es beispielsweise heißt: „Ihr sollt niemand auf Erden euren Vater nennen“ (Mt 23,9). Seit dem 17. Jahrhundert werden die Kardinäle mit „Eminenz“ angeredet, während sie früher als „Hochverehrte“ tituliert wurden. Der Schriftsteller Manzoni erwähnte diesen neuen Titel, indem er ihn einer Gestalt in seinem Roman „Die Verlobten“, Don Abbondio, im letzten Kapitel in den Mund legte: „Man muß ihn als Eminenz bezeichnen, denn der Papst hat die Vorschrift erlassen, daß den Kardinälen vom Juni an dieser Titel zu geben sei.“ Das war im Jahre 1630. Heute stehen wir kurz vor dem Jahr 2000, und dieser Titel hält sich immer noch. Sie verzichteten auf das Gefolge, das Ausdruck der Eitelkeit war, aber den Titel, der augenscheinlich noch mehr Eitelkeit ausdrückt, haben sie nicht abgelegt.

Einst versammelten sich die Kardinäle aus aller Welt nur zum Konklave. Unter Johannes Paul wurden die „Außerordentlichen Konsistorien“ eingeführt, die als „Vollversammlungen des Kardinals-

kollegiums“ zu verstehen sind. Sie werden alle vier Jahre einberufen, um dem Papst Orientierungen zu besonderen Themen zu geben. Im Konsistorium im Juni 1994 ging es um die Vorbereitung des Großen Jubiläums der Kirche.

Die „höflichen Empfänge“ (bis zu Paul VI. wurden sie „Empfänge der Herzlichkeit“ genannt) neuernannter Kardinäle bieten eine fast einzigartige Gelegenheit zur Besichtigung der vatikanischen Ambiente, die nicht zum Rundgang der Museen und nicht zu den Audienzräumlichkeiten gehören.

Links: Kardinal Edmund Casimir Szoka.

Unten: Der Papst und Kardinal Andrzej Deskur.

Die größte dieser Räumlichkeiten ist die Aula der Segnungen; sie befindet sich über der Vorhalle der Basilika und erstreckt sich über die ganze Länge der Fassade. „Aula der Segnungen“ wird sie genannt, weil sich auf der Hälfte der linken Seite – aus dem Blickwinkel dessen, der aufs Papstpodium schaut – die mittlere Loggia der Basilika befindet, von wo aus die Päpste den Segen erteilen, während sich zur rechten Seite die innere Loggia öffnet, von wo früher beim Einzug des Papstes in Sankt Peter die „Silberposaunen“ ertönten. Es waren vier Posaunen; sie waren zwar nicht aus Silber, aber wurden wegen ihres „silbernen“ Klangs so genannt. Paul VI. schaffte sie ab.

Supermarkt und Apotheke

Für die Bevölkerung Roms ist die Arbeit im Vatikan ein Mythos. Das war sie vor allem in der Vergangenheit, als die Armut regierte, aber auch während des Zweiten Weltkriegs. Ein wenig ist das noch heute so.

Tano Citeroni, ein genialer Fotograf, der dem Petersplatz einen Bildband widmete und ihn als das „ungewöhnlichste, eindrucksvollste, menschliche" Schauspiel der Welt bezeichnete, schrieb: „Dem Szenarium des Petersplatzes begegnete ich zum ersten Mal im Jahre 1950. Meine Mutter brachte meinen Bruder (im Alter von fünf Jahren) und mich (zehn Jahre alt) dorthin, um die Pilger des Heiligen Jahres zu sehen. Ich wollte dem Papst begegnen: Ein Ministrant aus meiner Pfarrgemeinde hatte mir geschworen, daß ich, wenn ich den Papst berühren und gleich darauf die Kommunion empfangen würde, als Erwachsener im Vatikan eine Anstellung als Gärtner bekäme."

Die Schweizer Garde ist das kleinste und meistfotografierte Heer der Welt. Ihre 100 Männer sind bei allen päpstlichen Zeremonien dabei und stehen Wache an den Toren des Vatikans, wo sie zum Blickfang der Massen am Fernseher und der Touristen werden. Wie das bei jedem geschlossenen Ort geschieht, gehen die Menschen immer wieder um die vatikanischen Mauern herum. Mädchen aus aller Herren Länder versuchen sich neben diesen jungen Männern mit Helm und Hellebarde fotografieren zu lassen. Das Reglement der Garde verbietet es, doch das wissen die Mädchen nicht. Ein Blickfang ist auch ihre Uniform, deren Design nicht von Michelangelo stammt, wie es in alten Reiseführern steht; aber sie ist gleichwohl anmutig, mit ihren gelben, roten und blauen Streifen, mit der weißen Halskrause, dem roten Helmbusch, der bräunlichen Pickelhaube, dem Helm mit den zwei Spitzen, und der Hellebarde mit ihren vier Spitzen, dem spiegelblanken Harnisch, der eine Spitze auf der Brust hat, ähnlich wie die auf dem Helm, und der auf dem Ledergürtel aufliegt.

Mehr als ihrer Uniform kommt den Schweizer Gardisten die Faszination des Alten zugute. Diese Garde

ist wahrscheinlich das älteste Armeekorps der Welt, jedenfalls das einzige, das sich rühmen kann, fast ein halbes Jahrtausend lang ununterbrochen Dienst getan zu haben, am gleichen Ort und für die gleichen Zielsetzungen, deretwegen es im Jahre 1506 eingerichtet wurde. Es war ihre alte Herkunft, welche die Garde im 19. Jahrhundert bewahrte, als die Schweizer Konföderation den Söldnerdienst im Ausland

Garde". Nachdem die stürmische Zeit der Konzilsreformen vorbei ist, kann man davon ausgehen, daß diese Garde Bestand haben wird, solange der Heilige Stuhl seine irdische Souveränität behält beziehungsweise solange es in der Schweiz junge Männer gibt, die bereit sind, den Päpsten den Treueeid zu leisten. Die Schweizer Garde ist ein konfessionelles Heer. Sie ist – so heißt es im ersten Artikel ihres

Links: Die Unterkunft der Schweizer Garde.

Oben: Der Fahrzeugpark, im Vordergrund das Papa-Mobil.

abschaffte, und aufs neue im Jahre 1970, als Paul VI. – um das Bild des Vatikans der Kirche des Konzils anzunähern – die anderen bewaffneten päpstlichen Armeekorps (Nobelgarde und Palastwache) abschaffte, „mit Ausnahme der sehr alten Schweizer

Reglements – „ein Militärkorps, das aus Schweizer Bürgern gebildet wird, dessen Hauptaufgabe darin besteht, ständig über die Sicherheit der geistlichen Person des Heiligen Vaters und seiner Residenz zu wachen". Oberster Befehlshaber dieser Garde ist der Papst. Wer zu dieser Garde möchte, muß nicht nur Schweizer Staatsbürger sein, sondern auch katholischer Konfession, im Alter zwischen 18 und 30 Jahren, ledig, einen guten Leumund haben, in guter gesundheitlicher Verfassung und „mindestens 1,74 Meter groß sein".

Die Garde wurde von Julius II. gegründet, einem streitbaren Papst, der sich beim Angriff an die Spitze seiner Truppen stellte und als erster auf die Mauern stieg, die es zu erstürmen galt. Des öfteren hatten Päpste für verschiedene Bündnisse Landsknechte aus den Kantonen angeworben. Aber der erste, der an eine ganz aus Schweizern bestehende Leibwache dachte, war Giuliano della Rovere, der das Bild des Papsttums im Laufe der Jahrhunderte mit am stärksten geprägt hat: Während seines Pontifikats legte Bramante den Grundstein zur neuen Peterskirche, Michelangelo freskierte das Gewölbe der Sixtinischen Kapelle und Raffael die Stanzen.

Macchiavelli beklagte in seinem Werk „Der Fürst", daß Italien in jenen Zeiten „von Karl bestürmt, von Ludwig geplündert, von Ferdinand genötigt und von den Schweizern geschmäht" wurde. Die Schweizer beschämten es mit ihrer militärischen Stärke. Ein Beispiel außergewöhnlichen Muts gab die päpstliche Garde während der Plünderung Roms im Mai 1527. Damals war Giuliano de Medici, mit Namen Klemens VII., an der Macht. Er hatte gegen den Kaiser die Liga von Cognac mit Frankreich und Venetien ins Leben gerufen. Die kaiserlichen Truppen plünderten Rom und belagerten sechs Monate lang die Engelsburg. Es waren 14.000 kaiserliche Landsknechte, doch es gelang ihnen nicht, Sankt Peter zu stürmen, bevor sie nicht

Unten: Dr. Renato Buzzonetti, der Leibarzt des Papstes.

Rechte Seite: Die Apotheke.

die 147 Schweizer Gardisten getötet hatten, die dessen Tore verteidigten. Zur Erinnerung an diese Heldentat wird das Rekrutengelöbnis jedes Jahr am 6. Mai vorgenommen.

Zu Beginn des Jahrhunderts lief die Schweizer Garde Gefahr, von Pius X. abgeschafft zu werden. Sie hatte protestiert, weil der neue Papst die traditionelle „Prämie“ verweigert hatte, die bei jeder Wahl gewährt wurde. Der Papst, dem der päpstliche Prunk schon unangenehm war, beschloß die Auflösung. Um die Garde zu retten, mußten die katholischen Kantone intervenieren, die seit jeher die Soldaten stellten.

Die 100 Schweizer Gardisten gegenwärtig kommen zu über der Hälfte aus den Kantonen Wallis, Luzern und Sankt Gallen, wenige aus der französischen Schweiz, Tessiner (die früher ausgeschlossen waren) sind Ausnahmen.

Offizielle Sprache der Garde ist Italienisch, und das Korps hat einen eigenen Sprachlehrer. Es ist verboten, einen Bart, Schnurrbärte und lange Haare zu tragen. Die Wehrdienstzeit dauert mindestens zwei Jahre. Die meisten kehren nachher wieder an ihre früheren Arbeitsstellen zurück, andere nutzen die gemachten Erfahrungen und gehen zur Polizei, zum Militär oder zu Sicherheitsdiensten. In die Garde tritt man als Lediger ein, man darf jedoch heiraten. Zur Gewährung der „Ehe-Erlaubnis“ muß man allerdings zumindest Obergefreiter sein, 25 Jahre alt, drei Jahre lang dort gedient haben, und in den Unterkünften der Garde muß eine Wohnung frei sein.

Links: Der „Statuenreiniger" in der Basilika Sankt Peter.

Die Rekruten haben Schlafsäle mit 10 Plätzen, die Wachsoldaten sind in Doppelzimmern untergebracht, Unteroffiziere und Offiziere haben Einzelzimmer, die Familien eine kleine Wohnung. Die Unterkünfte der Garde befinden sich im Innern des Vatikans, zwischen den Kolonnaden auf der rechten Seite des Petersplatzes und der Porta Sant'Anna. Ihr Dienst ist hart und die abendliche Rückkehr in die Unterkünfte Pflicht. Abgesehen vom Ordnungsdienst während der Audienzen und Gottesdienste sowie dem Ehrendienst bei diplomatischen Empfängen, halten die Schweizer Wache an den Eingängen des Vatikans (Arco delle Campane, Großes Bronzetor, Porta Sant'Anna und Petrus-Gitter, der Eingang vor der Audienzhalle), an den Eingängen zum Papstpalast, in all seinen Stockwerken (Loggien), im Königssaal sowie vor den päpstlichen Gemächern und denen des Staatssekretärs.

Zu den Pflichten der Garde gehören auch Schießübungen: Die Soldaten gehen einmal im Jahr zum Schießen, um der Pflicht regelmäßiger Übung Genüge zu tun, die allen Schweizer Staatsbürgern obliegt. Sie schießen mit Waffen und Munition des Schweizer Heeres, auf einem Schießstand des italienischen Heeres. Auf Vorlage einer Lizenz gewährt ihnen die Swissair einen Rabatt von 50 Prozent für Tickets Rom – Schweiz. Nach zehn Jahren Dienstzeit erwirbt der Gardist einen Pensionsanspruch.

Neben der „sehr alten Schweizer Garde" gibt es im Vatikan auch ein ganz modernes Polizeikorps, das sich Wachdienst nennt. „Meine Sicherheit ist Gott", sagte Johannes Paul II. einmal (im nigerianischen Ibadan, am 15. Februar 1982), als er auf Fragen von Journalisten nach den Risiken eines Attentats antwortete: Aber seine Sicherheit ist auch das „Korps des Wachdienstes des Staates der Vatikanstadt". Es sind etwa 100 Wachmänner, die von einem Generalinspekteur und einem Vizeinspekteur befehligt werden und 1970 das „Korps der päpstlichen Gendarmerie" ersetzten. Viele Male hatte der Papst in all diesen Jahren Gelegenheit, seinen „Gendarmen" dankbar zu sein, wie jene Wachmänner intern genannt werden, die an die Stelle der einstigen Gendarmen getreten sind: Es ist leichter, im Vatikan eine Sache zu ändern als einen Namen zu wechseln. Johannes Paul ist den Gendarmen nicht nur für ihre großen Dienste dankbar, sondern auch dafür, daß sie ihn viele Male vor den Massen geschützt haben, die ihn oft umdrängen. Das sah man bereits am Tage nach seiner Wahl, als er am 17. Oktober 1978 zum ersten Mal den Vatikan verließ und in die Gemelli-Klinik fuhr. Bei der Gelegenheit erfuhr der Papst die Vorteile, von einer Leibwache umgeben zu sein, wenn Menschenmengen jemandem besonders zugeneigt sind: „Ich möchte denen danken, die mich hierher begleitet und auch gerettet haben. Aufgrund der großen

Oben und rechts: Zwei andere bei der Arbeit, der Parkgärtner und der Gemüsegärtner.

Begeisterung, die sich mir zeigte, hätte es sonst durchaus passieren können, daß der Papst gleich zur Behandlung in diesem Krankenhaus hätte bleiben müssen."

Der Vatikan war seit jeher ein Ort von unscheinbaren Dingen neben Geschehnissen von großer Tragweite. Der erste Papst, der sich ein Haus auf dem Vatikanhügel erbauen ließ, war wahrscheinlich Innozenz III. um das Jahr 1200. Er war gleich darauf bedacht, daß ringsum alles angelegt wurde, was – ständig neu gestaltet – noch vorhanden ist: Backstube, Kellerei, Küche und ein Pferdestall.
Im Vatikan gibt es tatsächlich einen Supermarkt, wie überall, aber er nennt sich „Annona", und so wird er nirgendwo sonst bezeichnet. Woher kommt dieser Name? Natürlich aus dem Lateinischen! Im Lateinischen bedeutet „annona" die Jahresernte und im weiteren Sinne „Proviantlagerung".

Der Supermarkt beziehungsweise die „Verkaufsstelle der Annona" liegt in der Via San Giovanni di Dio, hinter der Apotheke und neben der Druckerei. Er ist von 7 bis 18 Uhr durchgehend geöffnet und schließt samstags um 12 Uhr. Die Preise sind niedriger als in Italien. Für den Zutritt braucht man

einen Ausweis, der von der DIRSECO (Direktion der ökonomischen Dienste) an Mitarbeiter und Pensionäre ausgegeben wird, darüber hinaus an einige Leiter religiöser Institute päpstlichen Rechts

Oben und rechts: Der Metzger und einer der Bediensteten der Basilika.

mit Sitz in Rom. Die „Kunden“ kommen mit vollgeladenen Einkaufswagen zu den Kassen, wobei es sich oft um Personen handelt, die Vorräte für Gemeinschaften einkaufen.

Es gibt zwölf Kassen, und auch eine „Schnellkasse“ mit dem Hinweisschild „Maximal neun Teile“. Das Gebäude der Annona ist wahrscheinlich das einzige im Vatikan, das keine Inschrift oder Gedenktafel aufweist. Aber das Wappen des Montini-Papstes – Paul VI. – (drei kleine Berge) sagt uns, wer es hat erbauen lassen. Wenn man mit Kreditkarte bezahlt, steht auf dem Beleg „Verkaufsstelle Annona“; der Kassenbon ist mit der Überschrift „Self-Service“ versehen.

Man findet keinerlei Reklame an den Wänden oder von der Decke hängend, wie das in den Supermärkten in Rom und in aller Welt üblich ist. Manchmal hängt da eine Saison-Ankündigung, auf der es heißt: „Magazin für Bekleidung. Am Dienstag, den 24. Februar, Verkaufsbeginn der Frühjahrs- und Sommerkollektionen.“ Damit wird auf eine andere Verkaufsstelle im Vatikan verwiesen. Das „Magazin für Bekleidung“ befindet sich in den Lagerräumen der Verwaltung, im Kellergeschoß des Palastes der Verwaltungsbehörde, mit Eingang auf der Rückseite. Außer den Abteilungen für Kleidung und Schuhwerk gibt es hier Lederwaren, Koffer, Zierat, Uhren, Schreib- und Tabakwaren und alkoholische Getränke. Man benötigt dafür den gleichen Ausweis wie für die Annona. Die Angestellten sind Mitarbeiter des Vatikans und tragen eine schlichte Uniform, in der sie Bahnbeamten ähnlich sehen. Der Handel ist im Vatikan „Staatsmonopol“: Privatleuten ist die Einfuhr und der Vertrieb von Waren nicht gestattet.

In der Verkaufsstelle im Verwaltungsgebäude können die Ausweisinhaber auch Zigaretten, Zigarren und Tabak optimaler Qualität zu Duty-free-Shop-Preisen steuerfrei einkaufen. Aber wie lange noch? Das Problem hatte ein Pfarrer bei einer Begegnung mit dem Papst am Beginn der Fastenzeit zur Sprache gebracht. Johannes Paul hatte in folgender Weise darauf reagiert: „Einer von euch hat die Tabakwaren angesprochen. Was mich betrifft, habe ich damit keine Probleme; doch ich werde mit Kardinal Castillo darüber sprechen!“

Die Vatikan-Apotheke hat eine Geschichte mit legendenhaften Zügen, die bemerkenswert sind. Nach der Einnahme Roms durch italienische Truppen gab es im eingefriedeten Bereich der vatikanischen Paläste keine Apotheke. Tagsüber versorgte man sich in umliegenden Apotheken, aber nachts? Im übrigen war es ratsam, den Vatikan nach der Ausgangssperre so wenig wie möglich zu verlassen!

Für eventuelle dringende Bedürfnisse nach Medikamenten begab sich allabendlich ein Karmeliten-Bruder aus der Apotheke des Klosters Santa Maria della Scala im Trastevere-Viertel in den Vatikan. Er richtete sich im Korps der Schweizer Garde an der Porta Sant'Anna ein, wo er im Notfall mit seinem Medikamentenvorrat aufzufinden war. Morgens, wenn die Apotheke im nahen Viertel öffnete, kehrte der Ordensmann wieder in sein Kloster zurück.

So liest man im offiziellen Lexikon „Vatikanische Welt", das 1995 vom Verlag Libreria Editrice Vaticana veröffentlicht wurde. Die Aufgabe dieses Bruders ging nach vier Jahren über an einen anderen aus dem Orden der „Brüder der guten Tat" und wurde zu einer dauerhaften Einrichtung. Es fand sich ein Raum, den man als Apotheke einrichtete. Die Apotheke wird noch heute von den „Brüdern der guten Tat" geleitet und ist die einzige gewerbliche Einrichtung im Vatikan, zu der jeder freien Zugang hat, auch wenn er nicht Mitarbeiter im Vatikan ist, beispielsweise für den Einkauf von Medikamenten, die in Italien nicht im Handel sind. Um durchgelassen zu werden, muß man der Wache sagen, daß man in die Apotheke gehen möchte; dort legt man das ärztliche Rezept vor, genau so wie in jeder anderen römischen Apotheke. Auch die Preise sind die gleichen.

Die Apotheke befindet sich in der Via della Posta. Drei päpstliche Wappen auf Glaspanelen mit drei Inschriften zeugen kurz und bündig von ihrer Geschichte. Das erste Panel – auf der linken Seite, wenn man vom Ladentisch aufschaut – trägt das Wappen des Mastai-Papstes, und die Inschrift lautet: „Vatikanische Apotheke, gegründet von Pius IX. AD 1874." Die Abkürzung AD (Anno Domini – im Jahre des Herrn) findet man an vielen Stellen im Vatikan, auch wenn – wie in diesem Fall – die Inschriften in italienischer Sprache abgefaßt sind.

Das zweite Panel in der Mitte trägt das Wappen des Montini-Papstes, mit dem Schriftzug: „Vatikanische Apotheke, unter Paul VI. renoviert. AD 1963." Das dritte, zur Rechten, trägt das Wappen des Wojtyła-Papstes, und da heißt es: „Vatikanische Apotheke, unter Johannes Paul II. erweitert. AD 1989."

Im Vatikan gibt es auch eine Fußballmeisterschaft, die im Jahre 1997/98 zum 27. Mal ausgetragen wurde. An ihr nahmen 16 Mannschaften teil.

Die „Sanpietrini“, die Bediensteten in Sankt Peter, sind Mitarbeiter der Fabbrica di San Pietro, „beauftragt mit der inneren und äußeren Bewachung, mit der Reinigung und dem Unterhalt der vatikanischen Basilika und seiner dazugehörigen und angrenzenden Räumlichkeiten“.

Es gibt zwölf „päpstliche Feuerwehrleute“, dazu zwei Mannschaftsführer und einen Brandmeister. Sie tragen eine kastanienbraune Uniform, in Tuch oder Leinen, je nach Jahreszeit. Sie sind in der Kaserne im Belvedere-Hof stationiert und verfügen über drei Tanklöschfahrzeuge und zwei Drehleiterfahrzeuge. In ihrer Kaserne befindet sich ein Terminal für alle Feueralarmanlagen der Vatikanstadt (Museen und Galerien, Bibliothek, Geheimarchiv, Vatikanische Druckerei, Philatelistisches Museum, Audienzhalle). Sie haben darüber hinaus Sonderaufgaben: Beispielsweise helfen zwei von ihnen den Bediensteten von Sankt Peter, die Basilika nach Schließung für die Besucher zu inspizieren. Sie sind mit Leitern auf Rädern ausgerüstet und kontrollieren Nischen und Emporen, um sicherzustellen, daß da niemand hinaufgestiegen ist, um im Gotteshaus zu nächtigen, oder daß keine Gegenstände zurückgelassen worden sind, die sich als Bomben entpuppen könnten.

Wenn wir die vor der Annona geparkten Fahrzeuge beobachten und jene, die zum Damasus-Hof hinauffahren, stellen wir fest, daß es zwei vatikanische Kraftfahrzeugkennzeichen gibt: das offizielle des Staates, mit den Kennbuchstaben SCV (Staat der Vatikanstadt), und das 1987 eingeführte für die Vatikanbürger, mit den Kennbuchstaben CV (Vatikanstadt). Die Papstfahrzeuge haben rote Schriftzeichen auf weißem Hintergrund, die der anderen schwarze Schriftzeichen auf weißem Hintergrund.

Als Vatikanbürger wird man nicht geboren, sondern das wird man: Es ist eine Staatsbürgerschaft dem Amte nach; man erwirbt sie oder verliert sie, indem man ein Amt antritt oder verläßt. Am 1. Oktober 1997 zählte man 466 Vatikanbürger: 48 Kardinäle, 253 diplomatische Vertreter des Heiligen Stuhls (von denen natürlich ein großer Teil in der ganzen Welt verstreut ist), 78 Schweizer Gardisten, 43 Kleriker und Ordensleute sowie 44 Laien. In diesen Angaben ist der Papst nicht mit eingerechnet. Zum gleichen Stichtag hatten 455 Personen ihren Wohnsitz in der Vatikanstadt, davon 164 Staatsbürger und 294 Einwohner ohne Staatsbürgerschaft, unter anderem beispielsweise die Ordensschwestern, die im Santa Marta-Hospiz wohnen, die Ordensleute des Paulus-Ordens, die im Postamt Dienst tun, und die Salesianer, welche die Druckerei leiten.

In der amtlichen Statistik ist die Zahl der Frauen nicht erwähnt. Es sind nicht sehr viele, weder unter den Staatsbürgern noch unter den Einwohnern. Während unseres Rundgangs im weniger bedeutenden Teil des Vatikans sind wir in der Annona, in der Apotheke und im Radio Vatikan einer ganzen Reihe von Frauen begegnet, aber in den Büros der Kurie stießen wir nur auf ein paar und noch weniger – fast keine – unter den Büroleitern. Wie sehen keine Frau am Altar während der Gottesdienste, natürlich auch keine Frau im Konklave und in den Konsistorien, ebenso keine Frau in den Vollversammlungen der Kongregationen. Einige Frauen werden zu den Bischofssynoden eingeladen; oder sie werden gebeten, während der Gottesdienste im Petersdom oder auf dem Petersplatz die Lesung vorzutragen. Einmal wurde eine Frau entsandt, um den Heiligen Stuhl bei einer UNO-Konferenz (September 1995, in Peking) zu vertreten: Aber das war eine Frauen-Konferenz. Damals forderte Johannes Paul in seiner „Botschaft an die vatikanische Delegation", veröffentlicht am 29. August 1995, „alle Menschen der Kirche" zu einer „Umkehr des Herzens" auf, sich „eine positive Sichtweise der Frauen" zu eigen zu machen. Vielleicht wird die „Umkehr", von der er sprach, unter seinen Nachfolgern Früchte tragen.

Abholung der Post

Der Vatikan im Internet

PONT UNIV GREGORIANA
PONT ISTIT BIBLICO
MESSALE
NOV
ROMA
ALLA SCUOLA DI MARIA
VIA CRUCIS

Der Vatikan, die Gedächtnisstätte des hl. Petrus und Papstresidenz, Ort der Beglaubigungsschreiben, der Museen und Ausgrabungsstätten, ist nicht der rechte Platz für Journalisten, es sei denn sie seien dort akkreditiert. Deshalb akkreditieren wir uns und versuchen, das gewöhnliche Informationsnetz zu nutzen. Bald stellen wir fest, daß das nicht reicht; dann recherchieren wir auch auf anderen Wegen.

Sich im Vatikan auf die Suche nach Nachrichten zu machen, ist schlimmer als ein Spaziergang im Dunkel der Nacht! Da bekommt man zu hören, man solle am nächsten Tag wieder anrufen oder einen schriftlichen Antrag stellen oder sich an die Pressestelle wenden. Dennoch gibt es Dutzende von Berufsjournalisten, die dort ihre Arbeit verrichten. In Monaten und Jahren geduldiger Recherche haben sie ihre Kontakte geknüpft und ihre „Entrèes" vervollkommnet. Entrèe, das ist hier das Zauberwort: Sag mir, zu wem du gehst – das heißt, mit wem du im Kontakt bist –, und ich sage dir, was du erfahren wirst.

Beginnen wir also, dem Reglement entsprechend, bei der Pressestelle, die sich in der Via della Conciliazione 54 befindet. Der Saal für die Pressekonferenzen verfügt über 200 Sitzplätze und ist mit einer Anlage für Simultanübersetzungen und Filmprojektionen ausgestattet. Etwa 300 Journalisten sind ständig akkreditiert, aber ihre Zahl verdoppelt und verdreifacht sich, wenn Konsistorien, Bischofssynoden und Konklave stattfinden. Informationen über die Aktivitäten des Papstes und des Heiligen Stuhls sind mehr denn je gefragt. Die Pressestelle richtete bereits 1990 das erste Informationsnetz unter der Bezeichnung Vatican Information Service ein. Der VIS, wie man ihn abkürzt, ist in der ganzen Welt zugänglich, den Bischöfen aller Länder, den diplomatischen Vertretungen des Vatikans, internationalen Organisationen wie auch Zeitungen und Personen, die am Geschehen im Vatikan interessiert sind. Die Abonnenten können die Dokumentationen aus einer von drei Sprachen (englisch, spanisch und französisch) auswählen und sie via Fax oder e-mail beziehungsweise Internet empfangen. Johannes Paul II. hat die Pressestelle nur einmal besucht, doch er gewährt den Journalisten auf all seinen internationalen Reisen kollektive Interviews, die Pressekonferenzen im eigentlichen Sinne sind. Dabei gelingt es ihm stets, das rechte Klima für eine gute Kommunikation herzustellen.

Links: Der Verlag Libreria Editrice Vaticana.

Oben: Die Druckerei der Tageszeitung des Vatikans „Osservatore Romano".

Im großen und ganzen aber hat Johannes Paul, der in den Medien seit jeher als „kommunikationsgewandter Mann" gilt, ein gutes Verhältnis zu den Medienvertretern. Der Pressesprecher Navarro-Valls behauptet, es habe „ein objektives Bündnis zwischen den Medien und dem Papst" gegeben, welches das Papstbild gewandelt habe. „Wir wissen nicht, welchen prozentualen Anteil der Papst daran hat und welchen die Medien haben; aber diese tiefgreifende Veränderung haben sie gemeinsam zuwege gebracht."

Das „Vatikanische Fernsehzentrum" ist noch jung und nicht so straff organisiert (etwa ein Dutzend Techniker, vier Redakteure, drei Studios und ein Saal für Aufnahmen in der Via del Pellegrino, neben dem „Osservatore Romano"), aber eines Tages wird es wohl alle anderen vatikanischen Medien überflügeln, dank der Kraft der Sprache der Bilder und der Dynamik, die ihm der gegenwärtige Direktor Don Moretto verliehen hat. Alle öffentlichen Aktivitäten des Papstes werden gefilmt. Auf diese Weise finanziert das Fernsehzentrum sich selbst, indem es Aufzeichnungen an Fernsehsender weltweit verkauft. Auch das Publikum kann die Videokassetten erwerben. Sehr gut verkaufen sich die Aufnahmen von den Generalaudienzen, als Erinnerung an eine Pilgerreise nach Rom.

Die Libreria Editrice Vaticana ist der Verlag des Vatikans: Er veröffentlicht das „Päpstliche Jahrbuch", das „Statistische Jahrbuch der Kirche" (beide werden vom Zentralbüro für Statistik der Kirche erarbeitet), das Jahresverzeichnis der „Aktivitäten des Heiligen Stuhls", die „Acta Apostolicae Sedis" (das Amtliche Bulletin des Heiligen Stuhls) und verschiedene Periodika der Kongregationen und vatikanischen Stiftungen. Der „Katechismus der katholischen Kirche" (1993) war die Veröffentlichung, die weltweit die größte Verbreitung gefunden hat. Die Libreria Editrice Vaticana hat 1983 am

Die Vatikanische Bibliothek

Petersplatz eine Buchhandlung eröffnet, im sogenannten „Flügel Karls des Großen“ (nahe dem „Informationsbüro für Pilger und Touristen“).

Der „Osservatore Romano“ ist die offizielle Tageszeitung des Vatikans in italienischer Sprache; außerdem gibt es sechs wöchentlich erscheinende Ausgaben, in französischer Sprache (seit 1949), auf englisch (1968), spanisch (1969), portugiesisch (1970), deutsch (1971) und polnisch (1980). Den Pilgern ist das „Fotobüro“ des „Osservatore Romano“ wohl vertraut, das sich im Erdgeschoß der Redaktion in der Via del Pellegrino befindet. Dort kann man Fotos von den Feierlichkeiten, an denen man teilgenommen hat, erwerben.

Der Papst wird stets vom persönlichen Fotografen begleitet, wenn er jemandem begegnet. Es kann passieren, daß in einer besonderen Umgebung – neben dem Papst – der Leibarzt oder der Privatsekretär nicht anwesend ist oder daß die Leibwachen nicht dabei sind, aber der Fotograf ist immer an seiner Seite. Johannes Paul II. stellt sich großzügig diesem Bedürfnis nach Kommunikation durch Bilder zur Verfügung und treibt darüber gern seine Scherze. Der meistfotografierte Mann der Welt schaut mit Ernüchterung auf alle diese Fotoaufnahmen: „Viele Menschen geben mir die Hand, aber während sie mir ihre Hand reichen, schauen sie zum Fotografen.“

Es gibt aber keine Einfalt in der Beziehung von Johannes Paul II. zu den Medien. Nach dem Golfkrieg, im Frühling des Jahres 1991, sagte er: „Dieser Konflikt ist nicht nur mit militärischen Waffen inszeniert worden, sondern in gewissem Sinne auch durch die Medien.“ Gibt es jemanden, der besser verstanden hatte, wie die Dinge liefen?

Die Rundfunkstation Radio Vatikan begann mit ihren Sendungen am 12. Februar 1931 von einem Sendezentrum, das in den vatikanischen Gärten errichtet und mit einem Kurzwellensender „Marconi“ (18 Kilowatt) ausgestattet wurde. Er wurde von dem italienischen Physiker Guglielmo Marconi

Links: Der Papst stattet Radio Vatikan einen Besuch ab.

installiert und von Pius XI. eingeweiht. Seinerzeit war das eine fortschrittliche Anlage (ihre Antenne konnte bis nach Südamerika und Ozeanien senden) und markierte den Einzug des Vatikans in die moderne Kommunikationswelt, von der er nicht mehr lassen sollte, wenngleich er im Laufe der Zeit in puncto Fortschritt etwas ins Hintertreffen geriet.

Pius XI., Marconi und die anderen, die Hand ans Werk legten (unter ihnen auch der Elektroingenieur und Schriftsteller Carlo Emilio Gadda), waren sich der Bedeutung dieses Anfangs voll bewußt. Der Papst verlieh ihm eine feierliche Note mit einer Botschaft, in der er den Lobpreis des Kosmos anstimmte: „Hört, ihr Himmel, höre Erde!"

Gegenwärtig sendet Radio Vatikan, dessen Redaktionsbüros am Beginn der Via della Conciliazione liegen, im ersten großen Bauwerk zur Rechten, mit Blick auf die Engelsburg, in 32 Sprachen und verfügt über Sendeanlagen von über 1000 Kilowatt, mit denen in jeden Winkel der Erde gesendet werden kann.

„Die Neuigkeit wohnt nicht in Rom", schrieb im Jahre 1838 Nikolai Wassiljewitsch Gogol. Und damit hatte er recht: Der damals regierende Papst Gregor XVI. wollte im Kirchenstaat keine Eisenbahnen, weil sie seiner Meinung nach die „natürliche" Verteilung der Reichtümer zwischen Völkern und Ländern verändern könnten. Wer weiß, wie Johannes Paul über jene Angst vor den Eisenbahnen denkt, er, der sehr die Flugzeuge liebt und die Verteilung der Reichtümer auf jeden Fall ändern möchte! Jahrhundertelang wohnte der Fortschritt nicht im Vatikan. „Das Neue" war gleichbedeutend mit Gefahr, wenn nicht sogar Häresie; doch heute ist es dort zu Hause, zumindest Anzeichen dafür sind wahrzunehmen. Zu einem ersten Test kann man den Versuch einer On-line-Verbindung machen. Die Adresse der vatikanischen Homepage lautet: http://www.vatican.va.

Den Vorschlag, im Internet eine eigene Homepage einzurichten, machte der Leiter der Pressestelle Joaquin Navarro-Valls dem Papst im Sommer 1995. „Ein Anfang wurde gemacht", so berichtete Navarro-Valls anläßlich der Weihnachtsbotschaft „Urbi et Orbi" in jenem Jahr, „schon zwei Wochen später hatten 2.376.000 Personen aus 70 Ländern die Homepage angewählt, um die Botschaften des Papstes zu lesen, und unsere Adresse erreichten in einer einzigen Woche 4678 Botschaften in zehn verschiedenen Sprachen!"

Navarro-Valls ist überzeugt, daß – nach dem Rundfunk und dem Fernsehen – das Computernetz dem Papsttum eine unerwartete und „interaktive" Chance zur Kommunikation mit der Welt bietet. In der vatikanischen Homepage findet der Wissenschaftler eine Datenbank, der Journalist die Nachrichten vom Tage und der interessierte Surfer ein Fenster, um Fragen zu stellen und Botschaften zu übermitteln.

Unter den vatikanischen Medien ist die Homepage im Internet die jüngste Einrichtung. Die älteste ist der „Osservatore Romano", der auf das Jahr 1861 zurückgeht, gefolgt von Radio Vatikan, das 1931 den Sendebetrieb aufnahm, von der vatikanischen Pressestelle, die 1966 nach dem Konzil ins Leben gerufen wurde, und vom vatikanischen Fernsehzentrum, das die erste Videokassette im Jahr 1983 anläßlich des Papstbesuches in Lourdes in den Vertrieb brachte.

Es kann natürlich vorkommen, daß dem armen Journalisten die amtlichen und autorisierten Quellen nicht reichen. Dann muß er sich auf der Jagd nach Nachrichten in ein Abenteuer in der Leoninischen Stadt stürzen. Um den Vatikan zu betreten, bedarf es eines Passierscheins: ein numerierter hellblauer Schein mit der Aufschrift „Staat der Vatikanstadt – Verwaltung"; die Identität des Besuchers ist darauf registriert, das Motiv seines Besuchs und der Eingang, an dem er vorstellig wurde.

Der Zugang zur Leoninischen Stadt allerdings genügt nicht, um Nachrichten zu bekommen. Im Vatikan herrscht eine strenge Disziplin der Geheimhaltung, die als „Papstgeheimnis" bezeichnet wird. Die letzte Reglementierung ist in einer „Instruktion" des Staatssekretariats vom 4. Februar 1974 enthalten und sieht für die Angehörigen der römischen Kurie, die diese Geheimhaltung verletzen sollten, „die fristlose Entlassung aus dem Amt" vor. Die von der Geheimhaltung geschützten Materien sind in neun Themenbereichen aufgelistet: die Vorbereitung päpstlicher Dokumente, Nachrichten aus den Büros des Staatssekretariats, Überprüfungen von Äußerungen zur Lehre seitens der Kongre-

gation für die Glaubenslehre, Anzeigen und Prozesse hinsichtlich „Vergehen gegen den Glauben und die Sitten", Berichte der Vertreter des Heiligen Stuhls, Nachrichten über die Ernennung neuer Kardinäle sowie die Ernennung von Bischöfen, Nuntien und Prälaten der Kurie, Angelegenheiten und Aufgaben in der Zuständigkeit des Papstes oder der für die Dikasterien verantwortlichen Kardinäle oder Nuntien. Praktisch alle Aktivitäten der Kurie unterliegen der Geheimhaltung. Von daher die Schwierigkeit der Nachrichtenrecherche im Vatikan!

Links: Der Papst besucht den vatikanischen Fernsehsender.

Unten: Das neue Studio des vatikanischen Fernsehzentrums

Für seine Kontakte mit den Menschen über die Medien kommt dem Papst die Einfachheit zugute, mit der er sich der Medienwelt darbietet: Das Papstbild ist einfach. Zudem kam Johannes Paul II. anfänglich seine physische, kraftvolle, sportliche und ausdrucksstarke Gestalt zugute, deren Kommunikationsfähigkeit durch Erfahrungen auf der Theaterbühne in seiner Jugend geschult war. Man muß zugeben, daß die Disziplin der Geheimhaltung die Präsenz des Papstes in der Kommunikation mit den Menschen nicht beeinträchtigt.

Bibliographie

„Il Vaticano e Roma cristiana“ (Der Vatikan und das christliche Rom). Libreria Editrice Vaticana 1975.
„Biblioteca apostolica vaticana“ (Die Apostolische Vatikanische Bibliothek). Nardini Editore, Florenz 1985.
„La Cappella Sistina. La volta restaurata: il trionfo del colore“ (Die Sixtinische Kapelle. Das restaurierte Gewölbe: der Triumph der Farbe). Istituto Geografico De Agostini, Novara 1992.
„Michelangelo e Raffaello in Vaticano“ (Michelangelo und Raffael im Vatikan). Vatikanische Museen 1994.
„Mondo Vaticano. Passato e presente“ (Vatikanische Welt. Vergangenheit und Gegenwart). Hrsg. Niccolò Del Re, Libreria Editrice Vaticana 1995, S. 110ff.
Basson, Michele: „Guida alla necropoli vaticana“ (Führer in die Vatikanische Nekropole). Fabbrica di San Pietro in Vaticano 1986.
Bonomelli, Emilio: „I Papi in campagna“ (Die Päpste auf dem Lande). Gherardo Casini Editore, Rom 1953.
Calvesi, Maurizio: „Le arti in Vaticano“ (Die Künste im Vatikan). Gruppo Editoriale Fabbri, Mailand 1980.
Chèlini, Jean: „La vie quotidienne au Vatican sous Jean Paul II“ (Das alltägliche Leben im Vatikan unter Johannes Paul II.). Verlag Hachette, Paris 1985.
Citeroni, Tano: „Teatro San Pietro“ (Bühne Sankt Peter). Gruppo Editoriale Fabbri, Mailand 1982.
Fallani, Giovanni – Mariani, Valerio – Mascherpa, Giorgio: „Musei Vaticani. Collezione d'arte religiosa moderna“ (Vatikanische Museen. Die Sammlung Moderner Religiöser Kunst). Kunstverlag Silvana, Mailand 1974.
Fallani, Giovanni – Quilici, Folco: „Città del Vaticano“ (Vatikanstadt). Esso Italiana 1984.
Guarducci, Margherita: „Le chiavi sulla pietra. Studi, ricordi e documenti inediti intorno alla tomba di Pietro in Vaticano“ (Die Schlüssel auf dem Stein. Studien, Erinnerungen und unveröffentlichte Dokumente zum Petrusgrab im Vatikan). Verlag Piemme, Casale Monferrato (Alessandria) 1995.
Jung Inglessis, Eva-Maria: „San Pietro“ (Sankt Peter). Für die Päpstlichen Museen und Galerien reservierte Ausgabe, Verlag Rizzoli, Mailand 1985.
Levillain, Philipp – Uginet, François: „Il Vaticano o le frontiere della grazia“ (Der Vatikan und die Grenzen der Gnade). Verlag Rizzoli, Mailand 1985.
Martin Jacques: „Vaticano sconosciuto“ (Unbekannter Vatikan). Libreria Editrice Vaticana 1990.
Mc Dowell, Bart – Stanfield, James L.: „Viaggio in Vaticano“ (Reise im Vatikan). National Geographic Society 1991, vom Touring Club 1991 ins Italienische übersetzt.
Negro, Silvio: „Vaticano minore. Altri scritti vaticani“ (Der weniger bedeutende Teil des Vatikan. Weitere vatikanische Schriften). Neri Pozza, Vicenza 1963 (die erste Auflage erschien 1936, im gleichen Jahr wurde dem Autor der Bagutta-Preis zuerkannt).
Neuvecelle, Jean – Imber, Walter: „Vaticano. Porte aperte“ (Vatikan. Offene Tore). Edizioni Paoline 1980.
Panciroli, Romeo: „L'appartamento ponteficio delle udienze“ (Die päpstlichen Audienzgemächer). Editalia, Rom 1971.
Petrosillio, Orazio: „Città del Vaticano“ (Vatikanstadt). Edizioni musci vaticani 1997.
Pietrangeli, Carlo: „I Musei Vaticani. Cinque secoli di storia“ (Die Vatikanischen Museen. Fünf Jahrhunderte Geschichte). Quasar, Rom 1985.
Pietrangeli, Carlo – Mancinelli, Fabrizio: „Vaticano, città e giardini“ (Vatikan, Stadt und Gärten). Musei Vaticani 1985.
Poupard, Paul: „Conoscere il Vaticano“ (Den Vatikan kennenlernen). Verlag Piemme, Casale Monferrato 1983.
Roitier, Fulvio: „Vaticano“ (Vatikan), Text von Andrea Riccardi, Vita e Pensiero, Mailand 1997.
Sansolini, Massimo: „Io sediario pontificio. La mia vita accanto ai Papi“ (Ich, der Tragsesselträger des Papstes. Mein Leben neben den Päpsten). Libreria Editrice Vaticana 1998.
Zeppegno, Luciano – Bellegrandi, Franco: „Guida ai misteri e piaceri del Vaticano“ (Führer zu den Geheimnissen und Vergnügen des Vatikan). SugarCo, Mailand 1974.